하늘이 창을 내지 않아도

김태근 목사의
Sola Scriptura

하늘에 창을 내지 않아도

글 김태근
그림 최희수

청림출판

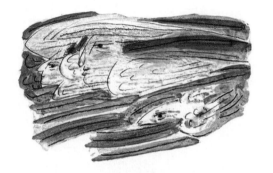

"하나님은 하늘에 없던 창을 만들어서 쏟아부어주실 수도 있습니다. 하늘뿐만 아니라 땅에도 창을 만들어서 땅의 창을 통해서 쏟아부어주실 수도 있습니다.

그러나 하나님은 창을 내지 않아도 얼마든지 쏟아부어주실 수 있고 기적을 만드실 수 있습니다. 이 하나님은 수천 년 전 엘리야 때뿐만 아니라 지금도, 그리고 앞으로도 여전히 역사하시고 역사하실 것입니다. 하나님은 당신을 믿고 의지하는 사람에게는 능력과 권세와 필요하다면 기적까지 주십니다. 이 하나님이 바로 우리의 하나님입니다.

그러나 우리의 행복은 하나님께서 나에게 기적을 베풀어주셨기 때문에, 하나님께서 내 소원을 들어주셨기 때문에 생겨나는 것이 아닙니다. '그런 하나님이 나에게도 계신다, 그 하나님이 나의 하나님이다!' 라는 이 믿음으로 말미암아 우리는 행복할 수 있습니다."

- 본문에서

'그러면 우리는 어떻게 살아야 하는가?'

시대를 불문하고 생각 있는 하나님의 사람들이 끊임없이 고민하고 묻던 질문입니다.

1970년대 초, 막 대학에 입학하고 처음으로 받아들던 대학 신문 1면에 실렸던 커다란 제목을 잊지 못합니다.

"젊은이들은 철저히 고민해야 한다!"

오래전의 일이라 표현이 정확하지 않을 수도 있지만, 비슷하게 기억되는 그때의 그 말이 수십 년이 지난 지금도 저를 짓누르고 있습니다.

저에게 있어서 그 질문, 그 고민은 여전히 진행형이라 할 수 있습니다. 그러나 가장 초보적인, 그러나 가장 핵심적인 답 하나는 찾은 것 같습니다. 그것은 성경입니다. 성경이 답을 주고 성경만이 답이라는 사실입니다.

옛날 위대한 어른들이 했던 말을 다시 되뇌어봅니다.

"Sola Scriptura!"
"Sola Scriptura!"

이 말에서 답을 찾아보십시오.

분당동 골방에서

김세윤

| 차례 |

딸기나무 불꽃 교육

모세가 그의 장인 미디안 제사장 이드로의 양 떼를 치더니 그 떼를 광야 서쪽으로 인도하여 하나님의 산 호렙에 이르매 여호와의 사자가 떨기나무 가운데로부터 나오는 불꽃 안에서 그에게 나타나시니라 그가 보니 떨기나무에 불이 붙었으나 그 떨기나무가 사라지지 아니하는지라

이에 모세가 이르되 내가 돌이켜 가서 이 큰 광경을 보리라 떨기나무가 어찌하여 타지 아니하는고 하니

그때에 여호와께서 그가 보려고 돌이켜 오는 것을 보신지라 하나님이 떨기나무 가운데서 그를 불러 이르시되 모세야 모세야 하시매 그가 이르되 내가 여기 있나이다 하나님이 이르시되 이리로 가까이 오지 말라 네가 선 곳은 거룩한 땅이니 네 발에서 신을 벗으라 또 이르시되 나는 네 조상의 하나님이니 아브라함의 하나님, 이삭의 하나님, 야곱의 하나님이니라 모세가 하나님 뵈옵기를 두려워하여 얼굴을 가리매

여호와께서 이르시되 내가 애굽에 있는 내 백성의 고통을 분명히 보고 그들이 그들의 감독자로 말미암아 부르짖음을 듣고 그 근심을 알고 내가 내려가서 그들을 애굽인의 손에서 건져내고 그들을

그 땅에서 인도하여 아름답고 광대한 땅, 젖과 꿀이 흐르는 땅 곧 가나안 족속, 헷 족속, 아모리 족속, 브리스 족속, 히위 족속, 여부스 족속의 지방에 데려가려 하노라

이제 가라 이스라엘 자손의 부르짖음이 내게 달하고 애굽 사람이 그들을 괴롭히는 학대도 내가 보았으니 이제 내가 너를 바로에게 보내어 너에게 내 백성 이스라엘 자손을 애굽에서 인도하여 내게 하리라

「출애굽기」 3:1~10

1

석학 한 분이 한국의 문제에 대해서 말한 것이 있습니다. "한국이 선진국보다 못한 이유는 한국이 가난하기 때문이 아니라 사는 방식이 잘못되었기 때문이다. 삶의 방식이 제대로 되지 않으면 한국은 언제까지나 계속 가난할 것이다."

'경제, 경제'라고 온갖 언론이 떠들어대고 수많은 학자들이 말하지만 삶의 방식이 바뀌지 않으면 경제가 아무리 좋아지고 GNP가 아무리 많아지고 경제 수준이 아무리 높아진다 하더라도 행복하지 못합니다. 현재에 이르기까지 대한민국의

역사가 이것을 분명하게 시사하고 있습니다. 우리가 꿈도 꾸지 못할 만큼 경제 상황이 좋아졌지만 행복지수는 더 떨어졌습니다.

기독교 신자들에게도 중요한 것이 '방식의 문제'입니다. '신자로서 어떤 신앙생활을 할 것인가?' 하는 신앙생활의 방식입니다. '우리가 아버지로 모시는 하나님은 어떤 방식으로 일하시는가?' 하는 하나님의 일하시는 방식입니다. 기독교 신자들은 이것을 알아야 합니다. 이것을 모르면 아무리 오래 교회에 다녀도 행복하지 않습니다. 봉사를 한다 해도 봉사 자체가 부담만 되고 즐거움이나 기쁨으로 다가오지 못합니다. 이것을 제대로 알게 되면 아무리 어려운 환경에서도 행복할 수 있고, 아무리 봉사가 많고 다른 사람들 눈에 힘들고 무거운 것을 든 것처럼 보여도 행복할 수 있습니다.

게다가 하나님의 능력을 받을 수 있습니다. 물론 능력을 받는다는 것은 내 소유로 받는 것이 아니라 순간순간 필요할 때마다 하나님으로부터 받을 수 있다는 말씀입니다. 또 하나님의 권세를 덧입을 수 있습니다. 마치 나에게 타고난 권세가 있는 것처럼 될 수 있습니다. 이것이 모두 삶의 방식의 문제입니다.

2

이스라엘 백성들은 이집트에 '살려고' 갔다가 노예가 되었습니다. 종살이한 지가 수백 년이 되었습니다. 노예생활의 고통은 나날이 심해졌습니다. 급기야 이스라엘 민족의 신음소리가 하늘에까지 사무쳤습니다. 하늘의 하나님께서 들으시고 이제는 이스라엘 백성들을 해방시킬 때가 되었다고 판단하십니다. 일을 시작하셨습니다.

하나님께서 이스라엘 백성들을 이집트에서 어떻게 해방시키셨는지, 그 일을 어떻게 하셨는지를 통해서 중요한 것을 볼 수 있습니다. '하나님은 어떤 방식으로 일하시는가?' 하나님의 일하시는 방식입니다.

첫 번째, 하나님은 당신 혼자서는 일하시지 않습니다. 하나님은 얼마든지 혼자서 일을 다하실 수 있지만, 당신 혼자 하시지 않습니다. 사람들과 함께 일하십니다.

하나님께서 일을 시작하셨습니다. 이스라엘 민족을 이집트에서 빼내어 가나안까지 데리고 가야겠다고 작정하십니다. 이제 그 일을 함께할 사람이 필요했습니다. 그 일은 작지 않습니다. 아무리 하나님께서 다하신다고 할지라도 사람으로서는 힘들고 어려운 일이 한두 가지가 아닐 것입니다. 고통스러운 일도 생길 것이고 가슴이 찢어지는 일들도 있을 것입니다. 배신하는 사람들도 있고 뒤에서 칼을 꽂는 사람도 있을 것입니다.

가나안까지 이끌어야 할 이스라엘 민족이 200만 명이 넘습니다. 학자들의 말에 따르면 250만 명쯤 되었을 것이라고 합니다. 갓난아기들, 어린아이들, 노인들도 있었고 병든 사람들도 있었습니다. 또 노예 출신이라서 그런지 이스라엘 백성들은 유난히 불평불만이 많고 원망도 깊었습니다. 이런 사람들을 데리고 그 먼 곳까지 가야 합니다. 누가 하나님과 함께 그 일을 할 것인가? 누구를 통해 하나님께서 이 일을 하실 것인가? 하나님께서 그 사람을 찾기 시작하셨습니다. 하나님의 일하시는 방식 첫 번째는 큰일이든지 작은 일이든지 여러분과 함께하신다는 것입니다. 여러분 중에서 누군가를 선택한 뒤 함께 그 일을 하십니다.

두 번째, 함께할 사람을 찾기 시작한 하나님께서 맨 처음 하신 일이 참으로 의외였습니다. 이스라엘 백성들은 250만 명이나 됩니다. 아무리 못난 사람들이라 할지라도 250만 명이라면 그중에서 골라 뽑을 한 사람쯤이야 틀림없이 있을 터인데도 불구하고 그렇게 하지 않으셨습니다.

먼저 이스라엘 백성 중 젊은 남자 하나, 여자 하나를 선택해서 결혼을 시키셨습니다. 그 두 사람이 낳은 아이를 통해서 하나님께서 이스라엘 백성을 구원할 계획을 세우셨습니다.

그 아이가 태어났습니다. 이집트 정부가 이스라엘 사람들이 낳은 남자아이들을 다 죽이려고 합니다. 자신의 아이를 살리기 위해 부모는 아이를 나일강 물에 띄웁니다. '모세'라는 이름은 '물에서 건져냈다'라는 뜻입니다.

지금 당장 이스라엘 백성들은 죽을 것 같다고 아우성치고 있는데 하나님께서 이렇게 해서 언제 구원해주실 것인지 참 답답합니다. 그러나 이것이 하나님께서 일하시는 방식입니다. 하나님은 자주 이렇게 하십니다. 우리는 죽을 것 같이 힘들다 해도 느긋하게 일하십니다. 꼭 죽어야 할 사람이 아니면 죽지 않습니다. 하나님께서는 그 모든 것을 다 알고 계시기 때문에 느긋하게 천천히 하십니다.

아브라함에게도 그러셨습니다. 아브라함의 나이 일흔다섯 살 때 아들을 주겠다고 약속하셨는데 주지 않으십니다. 5년, 10년, 15년, 20년이 지나도 주지 않으셨습니다. 이미 아브라함은 남자로서, 그의 아내는 여자로서 그 기능을 다 잃어버릴 나이가 되었는데도 하나님께서는 주지 않으셨습니다.

그러나 하나님께서는 한 번 약속하셨으면 틀림없이 지키십니다. 25년이 지나고 난 뒤, 아브라함의 나이 백 살 때, 그 아내는 아흔 살일 때 하나님께서 아들을 주셨습니다. 하나님께서는 이렇게 하십니다.

인류를 구원할 메시야를 보내시는 것도 마찬가지였습니다. 이스라엘 백성들은 너무 오랜 세월 메시야를 기다렸습니다.

수많은 세월 동안 고통을 당했습니다. 지칠 대로 지쳤습니다. 외부의 침략을 받고 약탈을 당하고 위정자들의 부정부패로 백성들은 도탄에 빠졌습니다. 빈부격차가 매우 심했습니다. 하나님께서 빨리 역사하셨으면 좋겠는데 그러지 않으셨습니다. 이스라엘 백성들은 기다리고 기다리느라 지쳤습니다. 그러던 중에도 하나님께서는 화가 나신다고 400년간 당신의 종을 한 사람도 보내지 않으셨습니다. 그러다가 400년이 지나고 난 뒤 드디어 일하기 시작하셨습니다. 마리아라는 여자와 요셉이라는 남자, 두 사람을 약혼시키셨습니다. 그 다음 아이를 낳게 하셨습니다. 그리고 30년이 지나고 나서야 비로소 구원사역을 시작하셨습니다. 이것이 하나님의 방식입니다. 우리와 일하는 방식도 다르고 시간 개념도 다릅니다.

세 번째, 준비를 대단하게 하십니다. 아주 긴급하고 특별한 경우에는 급하게 하실 때도 있지만 하나님의 보통은 준비를 철저히 하십니다. 그것은 하나님의 능력이 모자라서가 아닙니다. 사람들로 하여금 준비할 수 있게끔 하시기 위해서입니다.

이스라엘 민족의 해방을 위해서 모세를 먼저 이집트 궁중에 넣어서 최고의 교육을 받도록 하십니다. 그것으로 끝나지 않았습니다. 40년이나 교육받았으면 모세를 충분히 보낼 만했습니다만 다시 광야로 보내십니다. 또 40년을 훈련시키셨습니다. 무려 80년간 훈련시키셨습니다. 그러고 난 후 모세를 부르셨습니다. 이때에도 부른 뒤 곧바로 보내시는 것이 아니라 마지막에 확인하는 작업이 있었습니다. 마지막 교육을 다시 한 번 하셨는데 이것이 바로 '떨기나무 불꽃 교육'입니다.

3

떨기나무는 불에 잘 타는 나무입니다. 마른 나무는 물론 생나무도 불에 잘 탑니다. 떨기나무는 성냥 하나 그어 불붙이면 금방 탑니다. 불도 불꽃도 금방 없어지는 나무가 떨기나무입니다. 그런데 떨기나무에 불이 붙었는데도 불이 사그라들지 않고 계속해서 탔습니다.

> "여호와의 사자가 떨기나무 가운데로부터 나오는 불꽃 안에서 그에게 나타나시니라 그가 보니 떨기나무에 불이 붙었으나 그 떨기나무가 사라지지 아니하는지라."
>
> (출 3:2)

불이 계속 타고 있는데 나무가 사라지지 않았습니다. 모세가 많이 놀랍니다.

"내가 돌이켜 가서 이 큰 광경을 보리라 떨기나무가 어찌하여 타지 아니하는고." (출 3:3)

바로 여기에 중요한 가르침이 있습니다. 떨기나무를 태워서 불이 붙었다면 금방 타서 나무도 없어지고 불도 꺼질 것인데, 지금 모세는 계속해서 타고 있는 불꽃을 보고 있습니다. 나무가 타서 없어지지 않았습니다. 그렇다면 지금 모세 앞에서 타고 있는 떨기나무 불꽃은 떨기나무를 태워서 나오는 불꽃이 아니라, 그것 이외 다른 그 무엇을 태워서 불을 낸다는 말씀입니다. 그것은 눈에 보이는 이 세상의 어떤 것이 아니라 눈에 보이지 아니하는 그 무엇, 즉 하나님이 공급하시는, 사람들이 알지 못하는 그 무엇이 있다고 하나님께서 모세를 교육하십니다.

"네가 앞으로 할 일은 대단히 크고 시간도 오래 걸릴 일이다. 떨기나무를 태워서 불을 피우듯, 네가 배운 것과 네가 아는 것, 네가 가진 능력으로 해서 될 일이 아니다"라는 말씀입니다.

"네가 가진 것으로 한다면 떨기나무가 불에 타 금방 없어지는 것처럼 되고 만다, 그렇게 해서는 이 일을 못 한다"라고 말씀하십니다.

'그것이 아니다, 세상 사람들이 하는 것처럼 하는 것이 아니다, 내가 공급하는 그 무엇으로 해야 한다. 그래야 제대로 불도 낼 수 있고 오래 그 일을 제대로 할 수 있다'라는 것이 하나님의 가르침입니다.

사실 모세도 이전에 이스라엘 백성, 자기 동족을 위해서 일을 해보려고 한 적이 있었습니다. 40년 전의 일입니다. 모세가 이집트 공주의 아들로 있을 때 이집트 사람이 자기 동족인 이스라엘 사람을 때리는 것을 보고 격분했습니다. 모세가 그 이집트 사람을 쳤는데 그만 그 사람이 죽고 말았습니다. 그 일이 잘못되어 모세가 이집트 궁궐에서 도망 나와 광야로 나가게 되었습니다. 동족을 도우려다가 돕지도 못하고 한순간에 모든 것을 잃어버리고 말았습니다.

모세의 실패에는 이유가 있었습니다. 모세가 하나님의 일에 대해서 잘못 알았기 때문입니다. '하나님의 일은 어떻게 하는가, 하나님의 사람은 어떻게 일하는가?' 이것을 몰랐습니다.

먼저 하나님의 일에는, 하나님의 사람이 일을 할 때는 때가 있는 것인데 모세가 이것을 알지 못했습니다. 나 혼자 판단해서 지금 나서야 되겠다고 생각하는 것이 아닙니다. 아무리 선한 일, 아무리 좋은 일, 아무리 괜찮은 일, 내가 생각하기에 이것을 하면 하나님께서 좋아하는 일이라 할지라도 내 마음대로 할 수 있는 것이 아니라는 말씀입니다. 다 때가 있습니다. 하나님께서 "일어서라"고 하실 때에 일어서고 "가라"고 하실 때에 가야 합니다. 모세가 이것을 알지 못했습니다. 이것 때문에 실패했습니다.

또 하나 있습니다. 하나님의 사람들이 하나님의 일을 할 때는 어떤 일이든지 '내 힘'으로 하는 것이 아닙니다. 하나님의 일, 교회 일도 마찬가지이고 하나님의 사람들이 세상의 일, 소위 세속적인 일을 할 때에도 마찬가지입니다. 하나님의 사람들은 내 힘으로 하는 것이 아니라 하나님의 힘으로 해야 합니다. 겉으로는 물론 우리가 하는 것처럼 보입니다. 우리가 나가서 이런저런 노력과 애를 쓰기도 합니다. 그러나 실제로는 내가 하는 것이 아니라 하나님께서 하신다는 것을 알아야 합니다. 나는 다만 하나님께서 '시키시는 대로 하기만 하는 것'일 뿐이라고 생각해야 합니다. 늘 명심할 것은 나는 모양만 갖추고 일은 하나님이 하신다는 사실입니다. 이것을 알아야 합니다. 일어서라고 하면 '예!' 하고 일어서야 합니다. 다른 사람의 눈에는 그 사람이 일어서는 것처럼 보입니다. 다른 사람이 보면 참 기가 막히게 타이밍을 잡는다고 생각하고 절묘하다고 생각할 수 있습니다. 그러나 실은 그 사람이 타이밍을 잡은 것이 아닙니다. 하나님께서 타이밍을 잡으신 것입니다. 이 일을 하라고 하실 때 '예, 알았습니다!'라고 하면 됩니다. 하나님께서 일을 잡아놓고 '너는 이 일을 하라'라고 보내십니다. 다른 사람이 보면 마치 그 사람이 그 아이템을 선택한 것처럼 보일 뿐입니다. 우리는 다만 하나님께서 시키시는 대로 하기만 하면 됩니다. 일은 하나님께서 하십니다. 이것을 알아야 합니다.

그때 모세는 이것을 깨닫지 못해서 실패했습니다. 이것을 정확하게 말씀하시는 것이 오늘 본문 "이리로 가까이 오지 말라 네가 선 곳은 거룩한 땅이니 네 발에서 신을 벗으라"라는 5절 말씀입니다.

세상 방식으로 하는 것이 아니라는 말씀입니다. "하나님의 일이 있는 곳, 하나님의 사람들이 가는 곳, 그곳은 다 거룩한 땅이다. 인간의 힘이나 인간의 능력이나 세속적인 방법으로 할 수 있는 것이 아니다!"라는 말씀입니다.

하나님께서 모세에게 이것을 제대로 가르치기 위해서 떨기나무 불꽃 교육을 시키셨습니다. 그리고 드디어 "이제 가라"라고 말씀하셨습니다. 이렇게 하나님께서 말씀하실 때가 갈 때입니다. 그럼에도 불구하고 모세는 또 하나님의 가르침을 깨닫지 못합니다.

"내가 누구이기에 바로에게 가며 이스라엘 자손을 애굽에서 인도하여 내리이까."(출 3:11)

모세도 깨닫지 못했지만 오늘날의 우리도 마찬가지입니다. 하나님의 깊은 뜻, 하나님의 큰 뜻을 깨닫는 것이 절대로 쉽지 않습니다. 매우 어렵습니다.

그러나 중요한 것이 있습니다. 그것은 우리가 알든 모르든 간에 하나님께서 우리들에게 가라고 하시면 '예' 하고 순종하는 이것만큼은 잘해야 한다는 사실입니다. 아는 것은 마음대로 잘 안 됩니다. 하나님께서 그런 머리를 주셔야 합니다. 깨닫는 것도 마음대로 안 됩니다. 하나님께서 깨달음을 주셔야 합니다. 그러나 순종은 여러분들이 선택할 수가 있습니다. 이것은 여러분들이 해야 합니다. 꼭 해야 합니다. 왜냐하면 하나님께서는 한번 하겠다고 작정하셨으면 반드시 하고야 마시기 때문입니다. 보내기로 하셨으면 반드시 보내시고, 시키기로 작정하셨으면 반드시 시키시고야 맙니다. 어떤 일이 있더라도 시키십니다. 하나님께서 작정하셨으면 어떤 방법을 통해서라도 보내시고야 말고 시키시고야 맙니다.

놀라운 것이 있습니다. 어떤 경로, 어떤 과정을 거쳤든지 간에 순종하기만 하면 그 결과는 대단합니다. 일단 먼저 순종하면 비로소 그때부터 하나님의 뜻을 알 수 있고 깨달을 수가 있습니다. 순종을 잘하면 잘할수록 그 뜻을 더 잘 알고 더 잘 깨닫고 하나님을 더 많이 알 수가 있습니다. 순종하기만 하면 그때부터 그 일의 의미를 알게 되고 하나님께서 이 일을 나에게 맡기신 이유도 알게 됩니다. 심지어 억지로라도 순종하기만 하면 '능력'이 생깁니다. 물론 그 능력은 내 능력이 아니고 하나님으로부터 능력과 권세를 그때그때 공급받는 것입니다. 그렇지만 다른 사람들이 보기에는 내가 능력 있는 것처럼 보입니다. 순종하는 동안 계속해서 능력을 주시기 때문입니다.

그리고 일이 희한하게 잘 풀립니다. 스스로 생각해보아도 내가 이 정도로 잘하는 사람인지 이해가 안 될 정도로 잘 됩니다. 이것이 순종의 능력입니다.

그러나 모세는 그것을 깨닫지 못하고 사양했습니다. 자기는 못하니 다른 사람을 보내라고 거부했습니다. 하나님께서 화를 내실 정도로 모세는 완강하게 거부했습니다. 그러나 하나님은 한번 작정하시면 보내시고야 맙니다. 모세는 어쩔 수 없이 순종했습니다. 결과는 완벽한 성공입니다. 모세가 점점 하나님을 알아가게 되고 하나님 뜻을 깨닫게 되었습니다.

하나님을 알고 하나님 뜻을 깨닫게 되면 인생이 행복해집니다. 마음이 좋고 편합니다. 하나님의 사이클을 알게 되고 하나님의 흐름을 알게 됩니다. 인생이 어렵지 않습니다.

인생에서 가장 어려워지는 때는 하나님과 손발이 맞지 않는 때입니다. 하나님과 어긋나면 제대로 되는 일이 없습니다. 이렇게 되면 삶의 의미도 잃어버리고 허전해지고 서글퍼지기만 하고 사람이 못나지기만 합니다. 그러나 하나님의 사이클을 알게 되면 '일'이 잘 흐릅니다. 다른 사람보다 더 어려운 환경 속에서도 인생이 가볍습니다. 만족이 생겨납니다. 행복이 있습니다. 일이 하나씩 하나씩 해결됩니다.

대표적인 예 하나가 모세가 하나님 말씀을 듣고 이집트 왕에게 갔을 때입니다. 이스라엘 백성을 해방시키라고 하니 이집트 왕이 들을 리가 없습니다. 모세가 지팡이를 던집니다. 그 지팡이가 뱀이 되었습니다. 모세에게 이런 능력이 생겼습니다. 지팡이로 나일 강을 치니 강물이 피가 되었습니다. 이 모두 하나님께서 하신 일입니다. 모세는 지팡이를 던지라고 하시니 던졌고, 치라고 하시니 쳤을 뿐입니다. 그러나 마치 모세에게 그런 능력이 있는 것 같았습니다. 모세가 어떤 재앙이 있을 것이라고 한 마디만 하면 온갖 재앙이 다 일어났습니다. 개구리가 넘치고 파리가 들끓고 전염병이 돌고 우박이 쏟아지고 메뚜기가 하늘을 새까맣게 뒤덮고 온 나라가 깜깜하게 되고 마지막에는 이집트의 모든 장자들이 죽는 사태까지 이르렀습니다. 모세의 한 마디 때문이었습니다.

모세가 그랬습니까? 아닙니다. 모세는 말만 했습니다. 모두 하나님께서 행하신 것입니다. 바로 이것입니다. 하나님께 순종하기만 하면 이런 능력이 생겨납니다.

4

드디어 출애굽 했습니다. 홍해 앞까지 왔습니다. 여기에서 두려운 일이 생깁니다. 앞에는 홍해가 가로막고 있고 왼쪽, 오른쪽으로도 가지 못하고 뒤쪽에는 이집트 군대가 쫓아오고 있습니다. 이스라엘 백성들은 울고불고 난리가 납니다. '우리를 왜 이집트에서 데리고 나왔느냐, 이집트에서 나오지 않고 계속 노예살이를 하면서 편안하게 살 것을……'이라며 모세를 원망했습니다.

늘 그렇습니다. 원망하는 사람들은 무슨 일이 있든지간에 원망을 합니다. 이런 불평불만투성이의 백성들을 앞으로 40년간 이끌고 나가야 하니 모세도 괴롭기만 합니다. 모세가 할 수 있는 것이 없었습니다. 그러나 모세가 아는 것이 있었습니다. 하나님은 하실 수 있다는 사실입니다. 하나님은 무엇이든지 하실 수 있다, 어떤 방법을 통해서라도 하나님은 해내실 수 있다는 것을 알았습니다. 이것을 말한 것이 「출애굽기」 14장 13절과 14절 말씀입니다.

"너희는 두려워하지 말고 가만히 서서 여호와께서 오늘 너희를 위하여 행하시는 구원을 보라 너희가 오늘 본 애굽 사람을 영원히 다시 보지 아니하리라 여호와께서 너희를 위하여 싸우시리니 너희는 가만히 있을지니라."

(출 14:13~14)

바로 이것입니다. '우리는 불가능하다, 나는 할 수 없다, 지금까지 내가 무엇을 한 것처럼 보이지만 사실 나는 아무것도 할 수 없다, 그러나 하나님은 하실 수 있다!'

하나님께서 모세에게 지팡이를 들고 홍해를 가리키라고 말씀하셨습니다. 모세는 또 시키는 대로 지팡이를 들고 홍해를 가리켰습니다. 바다가 갈라졌습니다. 꿈에도 상상할 수 없었던 일, 감히 그 누구도 생각하지 못한 기적 같은 일을 하셨습니다. 하나님께 순종하기만 하면 일은 하나님께서 하십니다. 우리가 하나님 말씀을 따르는 모양만 보이면 일은 하나님께서 하십니다.

광야에서 200만 명이 넘는 사람들이 행군하니 물이 얼마나 많이 필요하겠습니까? 광야에 물이 넉넉할 리가 없었습니다. 백성들은 또 원망하고 불평하고, 목이 마르다며 난리가 났습니다. 그때 하나님께서 "본래 저런 백성들이니 너는 그렇게 알고 마음 상하지 말고 지팡이로 바위를 쳐라"라고 말씀하셨습니다. 모세가 바위를 치니 물이 나왔습니다. 다른 사람들이 보기에 모세가 한 것 같았습니다. 그러나 모세가 한 게 아니라 하나님이 하신 것입니다.

광야 길에 첫 번째 전쟁이 일어났습니다. 아말렉 군대가 쳐

들어왔습니다. 이스라엘의 최고 지도자 모세가 앞장서서 전쟁을 해야 합니다. 그러나 모세는 앞장서지 않았습니다. 뒤로 빠졌습니다. 전쟁이라는 중대한 일에서, 이스라엘의 최고 지도자에게 가장 중요한 것은 앞장서서 칼로 싸우는 것이 아니라 기도하는 것이다, 기도해서 하나님의 도우심을 구하는 것이라는 것을 모세가 알았기 때문입니다. 여호수아를 전쟁터 앞으로 내보냈습니다.

이 비밀입니다. 이런 사정을 모르는 사람들은 최고 지도자 모세가 뒤로 숨었다고 생각할 수 있습니다. 그러나 그렇지 않습니다.

과연 모세의 손이 올라가기만 하면 전투에서 이겼고 손이 내려오면 졌습니다. 다른 사람이 모세의 양팔을 잡아 계속 손을 올리도록 하니 전쟁에서 계속 이겼습니다. 모세의 기도로 이긴 것 같지만 실상은 그렇지 않습니다. 손을 들고 있으라는 하나님의 말씀대로 모세는 그대로 했고 전쟁은 하나님께서 하셨습니다.

이스라엘 백성들이 광야 길을 갈 때 길이 너무 험하고 먹을 것이 없으니 또 불평을 늘어놓습니다. 또 원망이 그득합니다. 이스라엘 백성이 늘 하는 불만입니다. 그때 불뱀이 나와서 많은 이스라엘 백성들을 물어서 생명을 잃은 사람들이 많았습니다. 그제야 그들은 하나님을 믿지 않고 불평과 원망만 해서 이런 일이 벌어졌다고 깨닫습니다. 그들은 모세에게 자기네들을 위하여 기도해서 불뱀들을 쫓아내달라고 부탁을 합니다. 모세가 하나님께 기도하자, 하나님께서 나무 막대기에 뱀을 만들어 달아서 사람들이 쳐다보게 하라고 하셨습니다. 불뱀에 물린 사람들이 그것을 쳐다보자 감쪽같이 다 나았습니다. 모세가 정말로 대단한 일을 한 것 같습니다. 그러나 모세가 대단한 것이 아닙니다. 모세가 대단한 점은 하나님께 순종한 것입니다. 하나님이 시키시는 대로 한 행동, 바로 그것입니다.

이스라엘의 중요한 지도자 중 한 사람인 고라가 모세와 아론에게 '당신만 지도자냐?'라며 반기를 들었습니다. 고라 일당에게 동조하는 지휘관들이 250명이나 되었습니다. 모세에게 최고의 위기가 닥쳤습니다. 이때 모세가 어떻게 했는지 잘 보십시오. 자기가 나서지 않았습니다. 그저 엎드려 하나님께 기도만 할 뿐이었습니다.

그러자 하나님께서 다 가르쳐주셨습니다. 모세는 일어나서 "여러분, 우리 하나님께서 어떻게 하시는지 보십시다. 여러분 다 향로에 불을 담아 나오십시오. 아론 형님도 함께 담아 나오십시오"라고 말했습니다. 지휘관 250명과 고라가 불을 담아 나왔습니다. 모세가 하나님께서 하신 말씀을 전합니다. "여러분, 지금도 늦지 않았습니다. 지금이라도 거기서 빠져나오는 사람은 다 괜찮을 것입니다. 계속해서 반기를 들 사람은 거기에 서 계시고 아니면 돌이켜서 나오십시오."

그런데 갑자기 지진이 일어났습니다. 땅이 갈라져서 고라와 그의 가족들은 모두 갈라진 틈에 파묻혔고, 향로에서 불이 나와서 반기를 든 250명의 지휘관을 다 불태웠습니다.

그 최대의 위기 때에 모세가 한 일은 전혀 없었습니다. 자기가 하려고 하지도 않았습니다. 모세가 한 일이라곤 하나님께 엎드린 것밖에 없습니다. 하나님께서 다 하셨지만 밖에서 보면 전부 다 모세가 한 것 같습니다.

5

40년간 고난과 역경의 세월이 지나가서 드디어 가나안 바로 앞에까지 왔습니다. 많은 세월 동안 곡절이 많았습니다. 며칠 만에 들어갈 수 있었던 가나안이었지만, 이스라엘 백성들은 40년이 걸렸습니다. 모세가 얼마나 고생이 많았겠습니까? 매사 불평 많고 불만에 가득 차 있는 사람들, 틈만 나면 원망하고 뒤에서 배신하고 선동하는 사람들이 가득한 이스라엘 민족, 이런 사람들을 40년간 인도했습니다.

그러나 원래 그렇습니다. 어떤 사회든, 어떤 나라든 다 마찬가지입니다. 교회도 그렇습니다. 이스라엘 사람들이 어떤 사람들입니까? 수백 년간 노예로 살았으니 배운 것이 '노예'뿐이었습니다. 노예근성만 가지고 있었습니다. 그러니 모세가 얼마나 힘들었겠습니까? 그런 사람들을 이끌었으니 모세의 몸과 마음이 다 병들었을 것입니다. 그런데 백이십 세에 이른 모세는 일반적인 모습과 전혀 달랐습니다. 「신명기」 34장의 기록입니다.

"모세가 죽을 때 나이 백이십 세였으나 그의 눈이 흐리지 아니하였고 기력이 쇠하지 아니하였더라."(신 34:7)

어떻게 이럴 수 있습니까? 떨기나무 불꽃 교육 때문입니다. 일을 하면서도 스스로 소진시키지 않은 것입니다. 나를

태우지 않았습니다. 하나님 것으로 태워나가는 것입니다.

입시철이 되면 저는 학생들에게 교과서를 만화책 보듯이 하라고 권합니다. 아주 편안하게 대하라고 합니다. 실제로 그렇게 공부하는 사람이 공부를 정말 잘합니다. 내 힘으로 하는 것이 아닙니다. 성적을 잘 내려고 애쓰고 용을 쓰다 보면 에너지가 다 날아갑니다. 애만 쓰고 공부는 제대로 하지 못합니다.

모세는 떨기나무 불꽃의 교육을 받아서 그렇게 했습니다. 처음에는 그렇게 못했지만 하나님을 알아가면서 차츰 그렇게 실천해나갔습니다.

"네 힘으로 하지 말라, 내 힘으로 하라, 내가 공급하겠다!" 하나님께서 말씀하셨습니다. "너는 다만 가라고 하면 가기만 하고, 오라고 하면 오기만 하라, 일은 내가 하겠다, 너는 그 자리에 서 있기만 하라!"라고 말씀하십니다.

떨기나무 불꽃 교육을 제대로 받았기 때문에 그렇게 고생한 모세가 눈도 흐려지지 아니하고 기력도 쇠하지 않았습니다.

세상의 일, 교회의 일을 인간적인 눈으로 보면 쉽지 않습니다. 힘들 때가 많고 고달플 때가 태반이고 속상할 때가 한두 번이 아닙니다. 내가 헌금까지 내면서 왜 '이 짓'을 해야 하는지 반문할 때도 있습니다. 그러나 떨기나무 불꽃의 교육을 제대로 받기만 하면 그렇게 어렵지 않습니다. 교회 일은 물론이고 세상일도 그렇게 힘들지 않습니다. 만화 보듯이 사업하십시오. 자녀 키우는 것도 그렇게 하십시오. 다른 일들도 다 그렇게 하십시오. 교회 일도 그렇게 하십시오. 일은 하나님이 하십니다. 그렇게 어렵지 않습니다. 도리어 행복할 수 있습니다. 하나님께서 어떻게 하시는지 재미있게 구경 한번 해보십시오. 하나님께서 어떻게 하시는지 보면 참 재미있고 때로는 행복하기까지 합니다. 거기다 하나님께서는 선물까지 주십니다. '알았습니다.' 하고 가기만 하면 선물을 주십니다.

여러분이 하실 것이 있습니다.

첫 번째, 하나님께서 부르시고 어떤 일이든 시키시면 그냥 '예'라고 대답하시고 순종하십시오. 몸이 묵직하고 마음이 묵직해도 '알았습니다!' 하고 그냥 나아가십시오.

두 번째, 하나님의 일을 할 때, 또 하나님의 사람으로서 세상의 일을 할 때, 여러분의 힘으로 하지 마십시오. 절대로 내 힘으로 한다고 생각하지 마십시오. 순간순간마다 하나님의 힘으로 한다고 생각하고 그렇게 하십시오.

또 하나, 하나님과 눈 맞추는 것을 잊지 마십시오. 늘 하나님을 보고 하나님의 힘으로 하려고 하십시오. 하나님께 맡기면 하나님께서 기뻐하시면서 여러분 대신 그 일을 하십니다. 하나님께서는 여러분에게 능력을 주시려고 기다리고 계십니다. 성령님께서 여러분에게 능력을 주시려고 지금 기다리고 계십니다. 누구에게 선물을 줄까 찾고 계십니다. 성령님이 지금 여러분 곁에서 보고 계십니다.

그러나 하나님께 맡겨놓고 맥 놓고 있지만 말고 계속 간구하십시오. '하나님, 이 일도 있습니다. 이것도 챙겨야 합니다.' 늘 하나님께 기도하는 것을 잊지 마십시오. 하나님께서 기뻐하시면서 행하십니다. 성령님께서 힘 있게 기쁨으로 감당하십니다. 그렇게 하기만 하면 모세에게 일어났던 위대한 역사가 여러분에게도 일어날 수 있고 모세에게 주셨던 영광까지도 하나님께서 여러분에게 주십니다.

2

급하면 돌아가라

성령이 아시아에서 말씀을 전하지 못하게 하시거늘

그들이 브루기아와 갈라디아 땅으로 다녀가 무시아 앞에 이르러

비두니아로 가고자 애쓰되 예수의 영이 허락하지 아니하시는지라

무시아를 지나 드로아로 내려갔는데 밤에 환상이 바울에게 보이니

마게도냐 사람 하나가 서서 그에게 청하여 이르되 마게도냐로 건

너와서 우리를 도우라 하거늘

바울이 그 환상을 보았을 때 우리가 곧 마게도냐로 떠나기를 힘쓰

니 이는 하나님이 저 사람들에게 복음을 전하라고 우리를 부르신

줄로 인정함이러라

「사도행전」 16:6∼10

1

한 교장선생님이 학교에 꽃이 만발한 정원을 새로 만들었습니다. 이상한 것은 학생들이 다닐 길을 만들지 않은 것입니다. 선생님들은 학생들이 과연 그 꽃밭을 돌아서 다닐까 걱정했습니다. 아니나 다를까 학생들은 꽃밭 가운데 한 곳을 살금살금 걸어다니기 시작했습니다. 얼마 지나지 않아 꽃밭 가운데 학생들이 다닌 흔적이 뚜렷이 생겼습니다. 그제야 교장선생님은 학생들이 다닌 흔적을 따라 꽃밭 사이에 정식으로 길을 내셨습니다. 학생들은 이제 꽃밭 가운데 정식으로 난 길을 즐겁게 꽃을 감상하며 다니게 되었습니다.

2

바울은 먼저 아시아에서 전도를 했습니다. 어려움이 없지는 않았지만 아시아에서의 복음은 힘 있게 전파되었습니다. 그러던 어느 날부터 갑자기 아시아에서 모든 전도의 길이 막히게 되었습니다. 이 길도 막히고 저 길도 막히고 이렇게 해도 안 되고 저렇게 해도 되지 않았습니다. 모든 노력을 다 기울였지만 소용이 없었습니다. 저쪽이 막히자 이쪽으로 가보려고 했고 또 이쪽이 막히자 저쪽으로 가보려고 했습니다. 그러나 길이 열리지 않았습니다. 여기저기 한두 문제가 아니었습니다. 길을 방해하는 사람, 반대하는 사람도 한두 사람이 아니었습니다. 바울의 몸에는 심각한 병까지 생겼습니다.

인생을 살다보면 이런 일이 있을 수 있습니다. 하는 일마다 안 되고 일이 꼬이기도 하고, 이상하게 꼭 풀릴 것 같은 일이 문제가 생길 수도 있습니다. 사람과의 관계도 어쩌다가 틀어질 수 있습니다만, 이 사람과도 저 사람과도 틀어지고 급기야 모든 사람과 어긋날 때가 있습니다. 병도 그렇습니다. 많은 애를 쓰고 갖은 노력을 했음에도 불구하고 병이 낫지 않을 때가 있습니다. 또 나는 틀림없이 바르고 옳은 일을 한다고 했는데 많은 반대에 부닥칠 때가 있습니다. 내가 이 일을 하겠다고 하면 틀림없이 찬성하고 옹호하고 적극적으로 도와줄 것 같았던 사람이 의외로 반대하는 일도 있습니다. 정말로 말도 안 되는 소리로 공격을 하기도 합니다.

이런 일이 있을 때 우리 기독교인들은 어떻게 해야 하는지, 오늘 본문은 여기에 대하여 중요한 답을 주십니다.

힘든 일이 있을 때 우리가 가장 먼저 생각할 것은 그 모든 일을 다 하나님께서 하셨다고 생각하는 것입니다. 일이 안 되는 것도 하나님께서 하셨고 일이 꼬이는 것, 일이 잘 안 풀리는 것도 하나님께서 하셨다고 여기는 것입니다. 나를 섭섭하게 하고 나를 배신하는 그것도 하나님께서 다 그렇게 만드셨다, 이 사람이 나를 반대하고 저 사람이 지독하게 나를 괴롭히는 까닭은 하나님께서 그렇게 하셨기 때문이라고 생각해야 할 필요가 있습니다.

이것을 가리켜서 '하나님 까닭'이라고 합니다. 어렵고 힘든 일이 생길 때마다 '하나님 까닭'으로 생각하는 것이 우리 기독교인들에게 필요합니다.

바울 일행이 그러했습니다. 아시아에서 선교를 했고 아직 할 일도 많이 남았는데 길이 막혔습니다. 길이 막히자 바울 일행은 즉각 하나님께서 그렇게 하셨다고 생각했습니다. 이것을 「사도행전」 16장 6절 첫머리에서 "성령이 아시아에서 말씀을 전하지 못하게 하시거늘"이라고 말합니다.

그렇지만 일이 잘 안 풀린다고 해서, 그 모든 일을 하나님께서 하셨다고 생각해 얼른 포기하는 것은 조금 조심해야 합니다. 이런 것을 핑계로 해서 마땅히 해야 할 일을 하지 아니하고 마땅히 가야 할 길을 가지 아니하는 일이 우리들에게 있을 수 있기 때문입니다. 이것은 하나님 뜻을 따르는 것이 아니라 '하나님의 뜻'이라는 말로 '하나님을 거역'하는 일이 될 수 있습니다.

바울 일행은 이것을 잘했습니다. "성령이 아시아에서 말씀을 전하지 못하게 하시거늘 그들이 브루기아와 갈라디아 땅으로 다녀가 무시아 앞에 이르러 비두니아로 가고자 애쓰되"(6~7절)라고 말씀하는 것으로 보아 여러 가지로 노력을 하고 난 뒤에도 안 되니까 "예수의 영이 허락하지 아니하시는지라"(7절)라고 생각했습니다. '역시 하나님께서 막으시는 것'이라고 생각합니다.

궂은일이건 좋은 일이건 일이 있을 때마다 '하나님께서 이런 은혜를 주셨구나, 하나님께서 그것을 막으셨구나, 하나님께서 그렇게 하셨다!'라고 생각하는 것이 중요합니다. 우리에게 필요한 것이 이것입니다. '하나님 까닭'으로 생각하는 그 순간부터 일이 풀리기 시작하고 문제가 해결되기 시작합니다.

미국 캘리포니아에 아주 신앙심이 깊은 부부가 살았습니다. 교회 일도 열심히 했습니다. 그런데 자녀가 생기지 않았습니다. 그 부부는 간절하게 기도했습니다. 16년 동안 기도했습니다. 16년째 되던 해에 드디어 아기를 가지게 되었습니다. 부부는 말할 수 없이 기뻤습니다. 때가 되어서 아기를 낳았습니다. 그런데 기형아였습니다. 아주 흉측한 기형아가 태어났습니다. 이 부부는 통곡을 했습니다. 절망에 사로잡혔습니다. 찾아온 친척들과 이웃들도 도무지 무슨 말로 이 부부를 위로해야 할지 알지 못했습니다.

그런데 놀라운 일이 일어났습니다. 남편이 집에 들렀다가 병원에 있는 아내를 찾아갔을 때였습니다. 어제 그렇게 비통해하던 아내가 환하게 웃으면서 남편을 맞이했습니다. 아내는 남편의 손을 꼭 쥐고 말했습니다. "여보, 어젯밤 내가 밤새도록 하나님께 기도하면서 물었어요. 그러자 하나님께서 이 아기를 어느 가정에 보내야 가장 사랑받을 수 있을지 매우 고민하시다, 우리를 보시고 이 집이야말로 이 아이를 가장 사랑해줄 수 있겠다 생각되셔서 우리 집에 맡기셨다고 하셨어요."

3

우리에게 모든 일은 어떤 것 하나도 하나님의 뜻이 아니고서는 일어나지 않습니다. 좋은 일, 궂은일 그 어떤 일이 있을 때 맨 처음 생각할 것은 이것은 하나님께서 하신 일이다, 하나님께서 주셨다고 생각하는 것입니다.

그 다음에는 하나님께서 그렇게 하실 때에는 아무 까닭 없이 그냥 하시는 것이 아니라고 생각해야 합니다. 하나님께서 그렇게 하실 때에는 반드시 까닭이 있고 하나님의 깊은 뜻이 숨겨 있다는 것을 알아야 합니다.

때로는 돌아가라고 말씀하실 때가 있습니다. 이 길이 막히면 저 길로 돌아갈 줄도 알아야 합니다. 이 길이 아무리 확실하고 분명하게 내가 가야 할 길이라고 생각될지라도 꼭 그 길만을 고집할 것이 아닙니다. 때로는 내 판단이 100퍼센트 확실하다고 생각되는 그때에도, 우리 기독교인들은 항상 내 판단이 틀릴 수 있다, 전혀 아닌 것 같은 저 사람의 판단이 맞을 수 있다는 것을 생각할 줄 알아야 합니다.

하나님이 그러하셨습니다. 하나님께서는 인류를 구원하시기 위해서 먼저 유대인이 구원받아야 된다고 생각하셨습니다. 이것이 하나님의 계획이었습니다. 그러나 하나님은 하나님의 종 바울을 유대인에게 보내지 않으시고 이방인들에게 먼저 보내셨습니다. 유대인들이 바울을, 그리고 복음을 거부할 것이라는 것을 아셨기 때문입니다. 이방인들이 구원받고 성령을 받는 것을 본 유대인들에게 우리도 이방인들처럼 구원받아야겠다, 성령을 받아야겠다는 시기가 일어나서 저들도 예수님을 영접하도록 하기 위해서 바울을 먼저 이방인들에게 보내셨습니다. 그것을 바울은 이렇게 설명합니다.

"내가 이방인의 사도인 만큼 내 직분을 영광스럽게 여기노니 이는 혹 내 골육을 아무쪼록 시기하게 하여 그들

중에서 얼마를 구원하게 함이라." (롬 11:13~14)

돌아가야 할 때가 있습니다. 이 길이라고 생각했지만 아닐 수 있습니다.

우리나라 속담에 '급하면 돌아가라'라는 속담이 있습니다. 가만히 생각해보면 말이 안 됩니다. 급하면 지름길로 가야 합니다. 빠른 길로 가야 합니다. 빨리 뛰어가야 하고 빨리 해야 합니다. 그러나 우리 조상들은 급하면 돌아가라고 하셨습니다. 그냥 한 말이 아닙니다. 수많은 사람들의 체험을 통해서 이 말씀을 도출했습니다. 지름길이 좋은 것 같지만 아닐 수가 있다, 돌아가는 것이 미련하게 보일지 모르지만 오히려 그 길이 더 현명할 수도 있다는 것을 우리 조상들이 알았기 때문에 우리들에게 물려주신 말씀입니다. 깊은 지혜가 담겨 있는 말씀입니다. '급하면 돌아가라.'

어떤 때에는 아예 그것을 하지 말라는 말씀일 때도 있습니다. 우리가 최선의 노력을 다했음에도 불구하고 안 될 때에는 포기하는 것도 배워야 합니다. 인간의 노력은 좋고 필요한 것입니다. 그러나 내 노력으로 할 수 없는 일도 있습니다. 실제로 할 수 있는 일보다 할 수 없는 일이 더 많습니다. 이것을 깨달아야 합니다.

그리고 우리 신앙인들은 모든 노력을 다하고 믿음으로 하나님께 간절하게 기도드렸으면 반드시 이루어지리라 믿는 것

48

이 꼭 바른 믿음이 아니라는 것도 알아야 합니다. 하나님의 뜻이 확고하면 우리가 아무리 기도로 매달린다고 하더라도 하나님께서 허락하시지 않을 경우가 있습니다. 하나님 뜻이 더 좋기 때문입니다. 하나님께서 허락하시지 않는 것이 나에게 더 좋은 것이라는 것을 하나님은 아시기 때문입니다.

모세는 40년 동안 광야에서 이스라엘 백성을 이끌었습니다. 사실 그보다 훨씬 전부터 일어났습니다. 궁정에 있을 때 히브리 사람들을 도와주기 위해 애썼다가 어려움을 당하고 쫓겨난 그때부터였습니다. 그 후 40년 동안 광야에 있으면서 온갖 경험을 통해 훈련을 받았습니다. 그리고 이스라엘 백성들을 가나안으로 인도했습니다. 가나안 바로 앞에 도착했을 때 하나님께서 "모세야"라고 부르시면서 "가나안이다. 네가 인도한 이스라엘 백성들이 갈 땅이다 잘 보아라. 눈에 잘 담아라. 그러나 너는 들어가지 못한다"라고 말씀하셨습니다. 그것으로 끝입니다.

이럴 때도 있습니다. 내가 그렇게 수고했지만 반드시 내가 다 열매를 맺고 결실을 맺는 것이 아닐 때도 있습니다. 하나님의 사람이라면 이것을 받아들여야 합니다. 하나님께서 많은 경우에 그렇게 하셨습니다.

또 때로는 이 길이 아니고 저 길이라고 말씀하실 때도 있습니다. 오늘 얘기하는 바울의 이야기가 이 경우입니다. 바울은 일이 풀리지 않아 매우 고민했습니다. 이상하다 생각하면서 답답해했습니다. 내가 오로지 하나님의 복음을 전하려고 이렇게 고생하는데 왜 이렇게 일이 풀리지 않는지 고민하고 있던 바울에게, 하나님께서 꿈에 유럽 사람 하나를 보내셨습니다. 바울에게 유럽으로 들어와서 자기들을 도와달라고 말하게 하십니다.

바울은 꿈에 그 환상을 보자 즉각 무릎을 쳤습니다. 바로 이것 때문에 하나님께서 그토록 내 길을, 우리의 길을, 복음

의 길을 막으셨다는 것을 깨닫습니다. 하나님께서 바울에게 "지금까지 아시아에서 복음을 전하느라 수고 많이 했다. 그러나 이제는 아시아가 아니라 유럽에서 이 일을 해야 되겠다"라고 말씀하신 것입니다. 그 환상을 본 바울은 그때부터 유럽에 복음을 전하게 됩니다. 그 복음이 유럽 전역에 흩어지게 되고 다시 아메리카 쪽으로 가고 또다시 극동 쪽으로 오다가 우리나라에까지 이르게 되었습니다.

4

드디어 하나님께서 답을 주셨습니다. 그것이 「사도행전」 16장 10절 말씀입니다.

"바울이 그 환상을 보았을 때 우리가 곧 마게도냐로 떠나기를 힘쓰니 이는 하나님이 저 사람들에게 복음을 전하라고 우리를 부르신 줄로 인정함이러라."(행 16:10)

마게도냐는 유럽의 입구에 자리한 곳입니다. 유럽 사람들에게 복음을 전하라고 부르셨다는 말입니다. 바울은 그것 때문에 하나님께서 그동안 자신의 길을 막으셨다는 것을 깨달았습니다. 결국 그렇게 답답하던 마음이 다 풀어졌습니다. 답을 받았기 때문입니다. 해결이 된 것입니다.

때로는 지금 당장 하나님께서 막으셨지만 나중에 길을 열어주시기도 합니다. 지금은 막힌 것 같지만 어느 순간 하나님께서 열어주실 때도 있습니다. 심지어는 모든 것이 다 끝났다고 생각하는 그 순간에 열어주시기도 합니다.

우리 교회 집사님 한 분이 20년 전에 저에게 기도 부탁을 했고, 저도 오랜 세월 그 집사님을 위해서 같이 기도했습니다. 그런데 응답이 오지 않아 참 미안했습니다. 제가 할 수 있는 일이 아니라 하나님께서 은혜를 베풀어주셔야 하는데 아무 응답이 없었습니다. 세월이 자꾸 갔습니다. 이제 그분의 연세가 일흔이 넘었습니다. 객관적으로 누가 보아도 더 이상은 기대할 수 없는 나이가 되었습니다. 그런데 놀라운 일이 일어났습니다. 그 연세에는 도무지 결코 있을 수 없는 일이 일어났습니다. 국가가 운영하는 중요한 기업의 대표로 선출되었습니다. 그 집사님보다 더 화려한 경력, 더 대단한 배경이 있는 수많은 사람들을 물리치고 공개 경쟁 모집에서 당당히 선발되었습니다.

집사님과 권사님 부부와 함께 고백하고 감사했습니다.

"우리의 기도는 결코 땅에 떨어지지 않았습니다. 우리의 기도가 하나님께 기억되고 언젠가는 열매를 맺는군요."

이 모든 일에 있어서 우리에게 꼭 필요한 일이 있습니다. 우리가 그저 소원하기만 하고 간구만 하는 것이 아니라 끝까지 하나님과 함께하는 것입니다. 우리의 기도를 거절하고 거부하시는 것 같고 외면하시는 것 같아도, 때로는 하나님이 살아계시지 않는 것같이 느껴져도 우리는 끝까지 하나님과 함께하는 것입니다. 그것이 우리들에게 필요합니다.

하나님은 외면하시는 것 같아도, 안 들으시는 것 같아도 그렇지 않습니다. 여러분이 쳐다보는 눈, 여러분이 하시는 기도 전부 다 기억하십니다. 우리에게 필요한 것은 이것입니다. 우리 시선은 물론이고 귀도 마음도 하나님께 기울이는 것입니다. 끝까지 놓치지 않아야 합니다. 한 번, 두 번 하고 그만하는 것이 아니라 끝까지 하나님을 쳐다보고 기도하는 것입니다. 그럴 때에 종종 놀라운 일이 벌어집니다. 하나님은 어느 순간 확고하게 먹었던 마음을 완전히 바꾸시기도 합니다. 때로는 하나님의 분명한 계획을 정반대로 바꾸시기도 하십니다.

그렇습니다. 여러분들이 하나님과 함께할 때 하나님은 절대로 외면하시지 않습니다. 여러분들을 잊어버리시지 않습니다. 여러분들의 기도는 그냥 땅에 떨어지고 마는 것이 아니라 반드시 어떤 형태로든지 간에 열매를 확실히 맺습니다.

다시 한 번 말씀드립니다. 여러분들의 모든 것을 하나님께 기울이는 것입니다. 눈과 귀, 마음까지 기울이면서 하나님과 함께할 때 하나님께서 역사를 이루십니다. 그때 여러분들은 결실을 얻을 수 있습니다. 그렇게 몸과 마음을 기울여 기도하고 하나님을 바라볼 때 여러분들의 행복은 이미 시작된 것입니다.

3

험악한 세월

요셉이 자기 아버지 야곱을 인도하여 바로 앞에 서게 하니 야곱이
바로에게 축복하매

바로가 야곱에게 묻되 네 나이가 얼마냐 야곱이 바로에게 아뢰되
내 나그네 길의 세월이 백삼십 년이니이다 내 나이가 얼마 못 되니
우리 조상의 나그네 길의 연조에 미치지 못하나 험악한 세월을 보
내었나이다 하고 야곱이 바로에게 축복하고 그 앞에서 나오니라

「창세기」 47:7~10

1

며칠 전에 TV에서 방영하는 다큐멘터리를 보다가 아주 끔
찍한 장면 하나를 보았습니다. 한 관광객이 찍은 동영상인데
몇 마리의 덩치 큰 코끼리들이 돌아가면서 어린 코끼리 한 마
리를 물에 던졌다 건져 올리는 장면이었습니다. 장난치는 것

같았지만 너무 위험해 보였습니다. 잠시 그러다 곧 끝나겠지 싶었는데, 그 동영상을 찍은 관광객에 의하면 그 장면이 무려 30분이나 계속되었다고 합니다. 그 관광객은 큰 코끼리들이 어린 코끼리를 죽이려고 하는 것이 아니라 장난으로 한 행동이 분명했다고 했지만, 결국 그 어린 코끼리는 가엾게도 죽고 말았습니다. 나중에 코끼리 떼가 그 장소를 떠나갈 때 어린 코끼리의 시체만 그 자리에 남았습니다.

지금까지 수많은 다큐멘터리를 보았지만 그것만큼 마음 아픈 것은 처음이었습니다. 가이드의 설명에 따르면 어린 코끼리가 그런 험한 일을 당한 것은 엄마 코끼리 몰래 자기 무리를 빠져나와 자기를 지켜주는 보호자가 없었기 때문이라고 합니다.

2

야곱은 자기 인생을 두고 험악한 세월을 살았다고 말합니다. 그 말은 야곱이 이집트에 이주해 갔을 때 이집트 왕 바로를 만나서 한 말입니다. 가나안에 흉년이 들어 도저히 살 수가 없어서 야곱은 이집트로 가게 되었습니다. 죽었다고 생각했던 아들 요셉이 이집트 총리가 되었다는 소식을 듣고 온 집안이 다 이집트로 이주를 했습니다. 그때 이집트 왕이 야곱의 나이를 물었더니 야곱이, "내 나이 일백삼십이지만 참 험악한 세월을 살았습니다"라고 말했습니다. 그 말이 맞습니다. 야곱은 험악한 인생을 살았습니다.

야곱은 아버지와 형을 속여서 형이 받을 축복을 도둑질했습니다. 그 일로 야곱에게 돌아온 결과는 형의 미움을 받아 머나먼 타향으로 20년 동안 쫓겨다니는 신세가 되는 것이었습니다.

외삼촌 집에서 야곱은 재산을 많이 모았습니다. 그 재산을 모은 방법이 희한했습니다. 이런저런 재주를 부려 외삼촌의 재산 상당 부분을 자기 재산으로 만들었습니다. 그러나 그 결과 야곱은 또다시 외삼촌 가족을 피해서 도망다니는 신세가 되고 만 것이었습니다. 거기다 20년 전 원한을 잊지 못한 형에서가 군사 400명을 데리고 온다는 소식을 듣고 야곱은 밤

잠을 한숨도 자지 못할 때가 있었습니다.

며칠 전에 인도에서 일어난 아주 가슴 아픈 뉴스를 보았습니다. 버스에 타고 있던 여러 명의 남자들이 어린 여대생에게 몹쓸 짓을 했습니다. 몸을 크게 다친 그 여대생은 인도에서는 도저히 치료가 불가능해 싱가포르로 이송되었지만 결국 목숨을 잃고 말았습니다. 참으로 가슴 아프고 분노가 치밀어 오릅니다.

야곱도 똑같은 일을 당했습니다. 남의 동네에 잠시 머무르는 동안 사랑하는 딸이 몹쓸 일을 당하는 고통스러운 일을 겪었습니다.

그리고 너무도 사랑하는 아내 라헬이 막내아들 베냐민을 출산하다 목숨을 잃었습니다. 야곱에게는 아내가 넷이나 되었습니다. 그 당시에는 적법한 아내들이었습니다. 그런데 하필이면 네 아내 중에서도 야곱이 가장 사랑하는, '절대 잃어서는 안 될' 아내 라헬을 잃는 슬픈 일을 당했습니다.

가나안에 흉년이 들어서 곡식을 사러 이집트에 자식들을 보냈을 때는, 갔다 온 자식들로부터 이제 앞으로 곡식을 더 사려면 막내 베냐민을 데리고 가야 한다는 말을 들었습니다. 그토록 사랑했던 열한 번째 아들 요셉을 심부름 보냈다가 잃은 적이 있었기 때문에 이번에는 절대로 그런 실수를 범하지 않겠다고 다짐하면서 베냐민을 보내지 않으려고 버텼습니다. 그러나 결국 어쩔 수 없이 베냐민을 보내야 했습니다. 베냐민을 이집트로 보낼 때 야곱은 정말로 죽을 것만 같은 심정이었습니다.

며칠 전 어떤 분으로부터 편지 한 장을 받았습니다. 이 분이 쓴 문구 중에 "목사님, 저는 이제 그만 천국에 갔으면 좋겠습니다"라는 대목이 있었습니다. 이해가 갔습니다. 그러나 야곱의 심정은 이분보다 훨씬 더했을 것입니다. "내 인생이 어떻게 이렇게도 험악한가." 그 말을 이집트 왕 바로에게 한 것입니다.

3

야곱은 뛰어난 사람이었습니다. 머리도 좋았습니다. 외삼촌 집에서 재산을 모으는 방법을 보면 머리가 대단히 좋다는 생각이 듭니다. 동물들은 물론 식물들에 대해서도 잘 알았습니다. 게다가 집념도 대단한 사람입니다. 머리가 좋은 데다 집념까지 대단했으니 못할 것이 없다고 생각했을 것입니다. 실제로 그는 사랑하는 여인을 아내로 얻기 위해서 머슴살이를 7년씩이나 하였습니다. 7년이 지나도 아내를 얻지 못하자 7년을 더해서 총 14년 동안이나 머슴살이를 해냈습니다.

믿음도 그럭저럭 괜찮았습니다. 벌판에서 잠을 자다 꿈에 하나님을 만난 후에 하나님께서 나를 지키시고 보호해주시면 내가 평생 하나님을 나의 주님, 주인으로 모시고 이곳에 '하나님의 집'을 짓겠다고 맹세했습니다. 십일조도 착실하게 바치겠다고 맹세했습니다.

이렇게 장점을 골고루 갖춘 야곱, 상당히 똑똑하고 뛰어난 야곱이 왜 그렇게 험악한 인생을 보냈을까요?

혹시 여러분 가운데 나름대로 상당히 똑똑하고 공부도 많이 했고 열심히 살았음에도 불구하고 험악한 인생을 사신 분이 안 계십니까? 그렇게 풀리지 않을 수가 없고, 그렇게 막힐 수가 없고, 걸리고 엉켜도 어떻게 그렇게나 심할까 싶은 분이 한두 명쯤 있을 것입니다. 실타래가 엉키면 한두 번 엉키고 말아야 하는데 이것을 풀고 나면 저것이 또 엉키는 일이 반복되기도 합니다.

야곱이 그렇게 험악한 세월을 산 이유가 있습니다. 그것은 야곱이 하나님을 믿는다고 하면서 말로만 믿었고 진심으로 하나님을 믿지 않았기 때문입니다. 야곱은 말만 번드르르하게 잘했지만 정말로 나의 주님으로, 나의 주인으로 하나님을 모시고 살지 않았습니다.

형을 속인 야곱은 외삼촌 집으로 도망을 갔습니다. 거기서 편안하게 살았습니다. 그러나 하나님을 찾지 않았습니다. 가자마자 하나님을 찾는 것은 혹 쉽지 않았을지 몰라도 그렇게 맹세했다면, 그 후 받은 하나님의 은혜에 감사했다면 어느 정도 지나서는 하나님을 찾았어야 했습니다. 가정도 크게 이루었습니다. 재산도 모을 만큼 모았습니다. 그런 그가 하나님을 잊은 세월이 얼마입니까? 자그마치 20년입니다. 20년 동안 하나님을 새까맣게 잊었습니다. 들판에서 하나님께 한 맹세를 내가 언제 했나 싶을 정도로 하나님을 잊어버린 삶을 살았습니다.

혹시 여러분 가운데 이런 분이 계시지는 않습니까? 어려울 때는 기도도 하고 서원도 하고 맹세 비슷한 것도 했지만, 살 만하고 일이 좀 풀리니까 과거를 새까맣게 잊어버리는 분이 계시지 않습니까?

야곱은 하나님을 잊었어도 그러나 하나님은 20년 동안 한 번도 야곱을 잊지 않고 계속해서 지켜보고 계셨습니다. 혹시 저 아이에게 무슨 일이 일어나지는 않는지, 힘든 일은 없는지, 어려운 일은 없는지……. 하나님께서는 야곱을 늘 보고 계셨습니다. 그러나 야곱은 하나님을 한 번도 생각하지 않았습니다.

외삼촌과 일이 어렵게 되었을 때는 하나님께 맹세한 지 20년이 지난 때였습니다. 그때 야곱에게는 길이 없었습니다. 거기에서마저 쫓겨나면 오갈 데가 없었습니다. 그때 하나님께서 나타나셔서 "애야, 네가 형을 피해서 도망 다닐 때 들판에서 잠자다가 나에게 맹세한 벧엘로 돌아가거라"라고 말씀하셨습니다. 그러고 난 뒤 하나님은 확실하고 분명하게 야곱을 지켜주셨습니다. 외삼촌과 외사촌이 쫓아올 때 하나님께서 막아주셨습니다. 형 에서가 400명의 군사를 데리고 쫓아왔어도 미리 다 손봐주셨습니다. 완벽하게 지켜주셨습니다. 그 정도 되었다면 야곱은 그때부터라도 하나님을 찾았어야 했습니다. 그런데 야곱은 또 그렇게 하지 않았습니다. 숨 쉴 만하니 또 하나님을 잊었습니다.

벧엘로 출발했지만 도중에 숙곳이라는 곳이 살 만하니 그곳에 둥지를 틀고 말았습니다. 세겜이라는 곳을 보니 또 괜찮았습니다. 그곳에서 잠시 머무른 것이 아니라 아예 땅을 사서 집을 짓고 살았습니다. 야곱에게 신앙은 모양밖에 없었습니다.

험악한 인생을 사느냐, 편안한 인생을 사느냐는 외부의 환경에 따라서 결정되는 것이 아닙니다. 외부 문제가 아닙니다. 그렇다고 내가 이렇게 살겠다, 편안하게 살겠다, 험악한 인생을 살지 않겠다고 해서 되는 것도 아닙니다. 그것은 내 인생을 누가 지키고 누가 인도하는가에 따라서 결정됩니다. 야곱의 험악한 인생, 험악한 세월은 이것을 잘못 안 것에서부터 출발했습니다.

많은 사람들이, 내 인생은 내가 지킨다고 생각합니다. 그러나 우리에게 힘이 있는 줄 아십니까? 여러분들 스스로 제대로 하실 것 같습니까? 천만의 말씀입니다. 우리가 할 수 있는 것이 별로 없습니다. 야곱은 이것을 몰랐습니다. 조금 배우고 조금 소유하게 되고 어떤 대단한 자리에 올라가면 나 스스로 이것저것 다 할 수 있을 것 같겠지만 그렇지 않습니다. 야곱은 이렇게 실패했습니다.

그럼에도 불구하고 하나님은 '바보같이' 야곱을 따라다니셨습니다. '혹시라도 저 아이에게 큰일이 생기지 아니할까? 누구에게 해코지 당하지 않을까?' 하나님은 졸지도 아니하시고 잠도 안 주무시고 늘 불꽃같은 눈으로 쳐다보고 계셨습니다.

4

야곱은 아버지와 형을 속이면서까지 '장자의 축복'을 받았습니다. 그렇게 축복을 받으면 잘살 것 같습니까? 속여서 얻은 축복이 진짜 내 복이 될 것 같습니까? 전혀 아닙니다. 그 결과가 어떠했습니까?
차라리 장자의 축복을 받지 않았더라면 20년 동안 타향살이, 머슴살이로 서러운 삶을 살지 않아도 되었습니다. 그것 때문에 오히려 도망가는 신세, 머슴살이하는 신세가 되었습니다.

내 재주만 믿고 내가 이렇게 하면 복을 받겠지 생각하다 이런 신세가 된 것입니다.

복은 내가 만드는 것이 아닙니다. 내가 받으려고 해서 받을 수 있는 것이 아닙니다. 받을 만한 사람이 되어야 복을 받는 것이고, 행복한 삶을 살 가치가 있어야 하늘에서 행복이 내려옵니다. 재산이 많으면 좋기야 하겠지만 남을 속이고 다른 사람에게 피해를 주면서까지 얻은 것이 과연 나에게 복이 되겠습니까? 그렇지 않습니다. 사람은 속지만 하나님은 절대로 속지 않으십니다. 축복을 받은 것같이 보여도, 재산을 많이 얻어 행복한 것 같이 보여도 하나님은 다 알고 계십니다. 그 축복은 진짜 축복이 아니고, 그 재산은 그 사람의 재산이 아니라는 것을 하나님께서는 너무도 잘 아십니다.

야곱은 많은 재산을 모았지만 그것 때문에 또다시 쫓기는 신세가 되고 말았습니다. 쫓겨 갈 때 가지고 간 많은 재산이 큰 도움이 되리라 생각했을 것입니다. 그러나 가나안에 큰 흉년이 드니 그 재산이 무슨 도움이 되었겠습니까? 아무 쓸모가 없었습니다.

제가 겁을 주려고 하는 말이 아닙니다. 예를 들어 우리가 사는 이 땅에 북쪽이 아니라 어디에서든 폭탄 몇 발만 떨어지면 이 나라가 어떻게 될지 한번 생각해보십시오. 그렇게 되면 우리 삶은 전부 다 엉망진창이 되고 맙니다. 부동산이 무슨 가치가 있고 주식이 무슨 소용이 있으며 은행에 들어 있는 돈이 무슨 도움이 되겠습니까? 곡식 한 말 사지도 못하는 일이 얼마든지 일어날 수 있습니다. 재산만 있으면 건강을 위해서 무엇이든 할 수 있는 것 같아도, 하나님께서 지켜주시지 않으면, 하나님께서 도와주시지 않으면 아무것도 아닙니다. 머리가 좋고 세상의 높은 자리에 오르고 아무리 재산을 다양하게 분산시켜 두어도 소용이 없습니다.

이집트에 곡식을 사러 간 자식들은 돌아와서 다음에 곡식을 사려면 베냐민을 이집트로 데리고 가야 한다고 야곱에게 말했습니다. 야곱은 베냐민만은 어떤 일이 있더라도 지키겠다고, 보내지 못한다고 말합니다.

이 문제도 마찬가지입니다. 야곱이 베냐민을 지킬 수 있습니까? 전혀 그럴 수 없었습니다. 오히려 식솔들을 쫄쫄 굶기면서 고생만 죽도록 시켰고 결국 베냐민을 이집트로 보낼 수밖에 없었습니다.

우리가 할 수 있는 일이 별로 없습니다. 야곱의 험악한 세월, 험악한 인생의 이유는 내가 내 인생을 지키고, 내 인생의 보호자 노릇을 하겠다고 한 데 있었습니다.

우리 인간은 아무것도 아닙니다. 우리는 내일이 아니라 당장 한치 앞도 내다볼 수 없는 아주 무력한 존재들입니다. 보호자가 있어야 합니다. 시시한 보호자가 아니라 제대로 보호해

줄 수 있는 진짜 보호자가 필요합니다. 완벽하게 우리를 지키고 우리 길을 인도할 수 있는 보호자, 우리가 혹 실수해도 "얘야, 그 길이 아니다, 이 길이다"라고 인도할 수 있는 보호자, 우리가 이렇게 애를 쓰고 저렇게 애를 쓰고 모든 노력을 다했지만 도저히 길이 안 보일 때 우리 길을 인도해줄 수 있는 인도자, 보호자가 있어야 합니다. 모든 여건, 모든 환경이 다 갖추어진다고 하더라도 우리가 행복할 수 있는 길은 절대자 하나님께서 행복과 평안을 주시고 평화를 주셔야 합니다. 그래야 우리가 평화를 누릴 수 있고 행복을 만끽할 수 있습니다.

5

앞서 언급한 새끼 코끼리 이야기를 조금 더 하겠습니다. 그날 TV에서 비참하게 죽은 어린 코끼리 이야기에 이어 다른 다큐멘터리가 방영되었습니다. 또 다른 어린 코끼리 이야기였습니다. 이번에는 큰 코끼리 한 마리가 어린 코끼리 한 마리를 물속에서 아예 짓밟고 있었습니다. 누가 보더라도 어린 코끼리는 금방 죽을 것이 틀림없었습니다. 그 순간 어디서 나타났는지 어마어마하게 큰 코끼리 한 마리가 무섭게 돌진해

왔습니다. 아기 코끼리를 괴롭히던 코끼리도 만만치 않은 덩치였지만 부리나케 꼬리를 감추며 도망갔습니다. 죽을 뻔했던 어린 코끼리가 정신을 차리고 뭍으로 올라와 엄마 코끼리를 따라 숲길을 가는 것을 보았습니다.

우리는 어린아이가 아니라고 생각하십니까? 천만의 말씀입니다. 우리는 그 어린 코끼리보다 더 아기입니다. 우리는 우리를 지키지 못합니다. 진짜 보호자만이 우리를 지킬 수 있습니다.

여러분의 인생을 더욱 하나님께 맡기십시오. 여러분의 자녀들도 다 맡기십시오. 순간순간 맡기십시오. 여러분의 가정도, 건강도, 삶도 전적으로 하나님께 맡기십시오. 여러분들이 해야 할 모든 노력은 다하고 애를 쓰십시오. 그러나 근본적으로는 하나님께 맡기십시오. 하나님은 절대로 실수가 없습니다. 잠시 여러분이 길을 잃을 때가 없지는 않습니다. 하나님은 여러분을 로봇처럼, 장난감처럼 대하시지 않고 인격적으로 대하시기 때문입니다. 여러분이 잠깐 실수할 때는 하나님께서 그냥 내버려두십니다. 그러나 결정적인 실수를 하려고 할 때, 심각한 어려움을 당하려고 할 때는 하나님이 절대로 가만히 계시지 않습니다.

여러분이 정말로 자신의 인생을 하나님께 맡기려면, 구체적으로 여러분의

자식, 가정, 사업까지 전부 하나님께 맡기세요. 필요할 때 하나님께서는 벌떡 일어서십니다. 절대로 때를 놓치지 않으십니다. 하나님께 맡기십시오. 하나님께서 평안의 길로, 행복의 길로, 평화의 길로 여러분의 가정과 여러분의 사업을 인도하실 것입니다.

4

보지 못하고
믿는 자들

여호와께서 말씀하신 대로 사라를 돌보셨고 여호와께서 말씀하신 대로 사라에게 행하셨으므로 사라가 임신하고 하나님이 말씀하신 시기가 되어 노년의 아브라함에게 아들을 낳으니

아브라함이 그에게 태어난 아들 곧 사라가 자기에게 낳은 아들을 이름하여 이삭이라 하였고 그 아들 이삭이 난 지 팔 일 만에 그가 하나님이 명령하신 대로 할례를 행하였더라

아브라함이 그의 아들 이삭이 그에게 태어날 때에 백 세라

사라가 이르되 하나님이 나를 웃게 하시니 듣는 자가 다 나와 함께 웃으리로다 또 이르되 사라가 자식들을 젖먹이겠다고 누가 아브라함에게 말하였으리요마는 아브라함의 노경에 내가 아들을 낳았도다 하니라

「창세기」 21:1〜7

1

"보는 것만 믿으세요." 어느 회사의 신문, TV에 실린 광고 문구입니다. 그러나 위대한 철학자 임마누엘 칸트는 이와 정 반대의 말을 합니다. "우리 눈에 보이는 그것이 사실인 것은 아니다!" 우리 눈에 보이는 것은 단지 우리의 감각에 따라 느 낀 것일 뿐 실제와 다르다는 말입니다.

칸트에 따르면 사람들은 바른 지식을 가지고 행동하는 것 이 아닙니다. 단순히 자기 나름 판단하고 고려해서 행동한 것 일지라도 사실은 그것이 아니라고 합니다. 믿음을 근거로 행 동한다고 합니다. 크든 작든 우리가 하는 모든 것이 다 믿음 의 한 부분이라는 말입니다.

2

아브라함이 100세가 되었을 때 드디어 아이가 태어났습니 다. 맨 처음 약속하신 때로부터 무려 25년의 세월이 지났습니 다. 참으로 오랜 세월이었습니다.

아브라함의 별명이 믿음의 아버지, 믿음의 조상입니다. 이런 좋은 별명을 가진 아브라함이었지만 그 또한 "내가 너에게 아들을 주겠다"라고 하신 하나님의 말씀에 대해서 의심도 했고, 흔들리기도 했고, 반발도 했습니다. 속도 좀 상했습니다. 아브라함이 하나님께 대들기도 했습니다.

"주께서 내게 씨를 주지 아니하셨으니 내 집에서 길린 자가 내 상속자가 될 것이니이다."(창 15:3)

"안 주셔도 됩니다. 우리 집에 있는 종을 내 상속자로 삼겠습니다." 아브라함은 이렇게 대들다 하갈이라는 첩을 통해 이스마엘이라는 아이를 낳기도 했습니다. 그때 "이스마엘이나 하나님 앞에 살기를 원합니다"라는 말까지 했습니다. 속이 많이 상했기 때문입니다.

하나님 앞에 실수도 했었습니다. 하나님께서 "내가 너의 본처를 통해서 네 후손을 퍼뜨려나가겠다"라고 하신 말씀으로 하나님의 마음을 충분히 알만 했음에도 불구하고 하나님 말씀을 그대로 믿지 않았습니다. 아내 사라가 아무리 보아도 하나님께서 아들을 주실 것 같지 않으니 여종 하갈과 잠자리를 같이 해서 아이를 낳도록 하라고 하자, 아브라함은 '매우 좋아하며' 아이를 낳기 위해 여종을 아내로 취하는 큰 실수를 했습니다. 하나님을 믿지 못했기 때문입니다.

아브라함은 하나님을 비웃기도 했습니다. 하나님께서 "틀림없이 네 처를 통해서 아들을 낳을 것"이라고 '인간으로서는 가망이 없는' 말씀을 하셨을 때, 아브라함은 '씨익' 웃었습니다. 좋은 웃음이 아니었습니다. 사라도 마찬가지였습니다. 속으로 자기는 나이가 너무 많고 경수經水도 한참 전에 끊어졌다고 하면서 웃었습니다. 「창세기」 21장 6절에서 "나를 웃게" 했다고 말하는 이 웃음과는 전혀 다른 의미의 웃음이었습니다. 이처럼 아브라함도, 사라도 믿음이 많이 흔들렸습니다. 회의와 의심이 가득했습니다.

우리도 흔들릴 때가 많습니다. 의심할 때가 많이 있습니다. 회의가 생길 때도 있습니다. 괜찮습니다. 그런 일들은 오히려 필요하기도 합니다. 여러분 가운데 혹 흔들리거나 회의가 들거나 때로는 의심될 때가 있을 때, 그것을 꼭 나쁜 것이라고 생각하지 마십시오. 죄로 생각하지 마십시오. 죄의식을 가질 필요 없습니다. 오히려 혼란스러운 마음이 있어야 믿음이 더 굳건해집니다. 우리나라 속담에도 '비 온 뒤에 땅이 굳어진다'라는 말이 있지 않습니까? 심지어는 '회의를 거치지 않은 믿음은 참된 믿음이 아니다'라는 말이 있을 정도입니다. 얼마든지 그럴 수 있습니다.

중요한 것은 '의심할 수 있고 흔들릴 수 있고 회의가 들 수도 있지만, 그러나 언제까지 그렇게 할 것인가?'입니다. 그럴 때가 있을 수 있지만 계속해서 흔들리고, 계속해서 의심하고, 계속해서 회의가 든다면 그것은 바람직하지 않습니다.

요즘 학생들이 진로를 자주 바꿉니다. 전공을 바꾸는 학생들도 많습니다. 그것도 괜찮습니다. 자기에게 맞는 전공으로 옮기는 것이 좋기 때문입니다. 그러나 문제는, 계속해서 자꾸 바꾸는 것입니다. 여자친구, 남자친구를 사귈 수도 있습니다. 그러다 바꿀 수도 있습니다. 그러나 자꾸 흔들리고 계속해서 바꾸는 것은 아닙니다. 흔들려도 됩니다, 회의가 있어도 됩니다, 의심이 있어도 됩니다만 그러나 거기에는 한계가 있고 때가 있다는 것을 알아야 합니다. 어느 정도, 어떤 시점이 되면 고민을 끝내야 합니다.

중요한 것은, 계속해서 그러한지 아니면 한동안 흔들렸고 회의가 들었고 방황했다고 하더라도 결론을 제대로 잡았는지입니다.

흔히 머리가 잘 돌아가고 이것저것 생각이 복잡하고 계산이 빠른 사람이 많이 요동합니다. 그러나 정말로 똑똑한 사람은 방황하기도 하지만 결정적인 순간에 가서는 모든 것을 끝내고 결론을 확실히 내립니다.

신학교 교수님들 가운데는 보수적인 분들도 계시고 진보적인 분들도 계십니다. 옛날에 아주 유명한 신학자 가운데 상당히 진보적인 교수님 한 분이 계셨습니다. 학교에서 강의하실 때는 상당히 진보적이었고 때로는 급진적인 강의를 하시는 분이셨습니다.

이 교수님이 지역의 한 교회의 담임목사의 사역도 같이 담당하셨습니다. 제자 중 한 명이 그 교수님의 교회에 예배 드리러 가서 설교 말씀을 듣고 깜짝 놀랐습니다. 평소 학교 강단에서 가르치는 말씀과 너무도 달랐기 때문입니다. 강단에서는 진보주의적, 때로는 급진주의적인 말씀을 하셨는데 설교는 그와 전혀 다르게 아주 보수적이었기 때문입니다. 예배가 끝나고 난 뒤 제자가 그 교수님께 학교에서 하는 강의와 어떻게 그렇게 다를 수가 있는지 물었습니다. 그때 그 교수님은 아주 의미 있는 말씀을 하셨습니다. "여보게, 학교에서야 이런 말도 저런 말도 해보는 것이지." 교회는 학교와 달리 이런 말 저런 말 해보는 데가 아니라는 말입니다.

신학교 1, 2학년 학생들은 교수들과 많이 '싸웁니다'. 학생들은 교수에게 '교수님이 정말로 목사님 맞습니까? 정말로 구원받았습니까?' 등 온갖 거친 말을 다합니다. 신학생은 이런 생각, 저런 생각을 가질 수 있습니다. 또 해야 합니다. 그런 과정을 다 거친 뒤에야 자기의 신학을 제대로 세울 수 있기 때문에 그런 과정은 반드시 필요합니다.

아브라함에게 바로 이것이 있었습니다. 아브라함은 의심도 했습니다. 반발도 했습니다. 심지어는 하나님을 비웃기도 했습니다. 그러나 아브라함의 결론은 너무도 분명하게 '믿음'이었습니다.

「창세기」 15장에서 "아브람이 여호와를 믿으니 여호와께서 이를 그의 의로 여기시고"(창 15:6)라고 말씀하십니다.

3

사라가 아들을 낳고 난 후에 너무도 좋아합니다. 「창세기」 21장 7절에 "사라가 자식들을 젖먹이겠다고 누가 아브라함에게 말하였으리요마는 아브라함의 노경에 내가 아들을 낳았도다"라고 큰소리치고 있습니다. 좋아할 만합니다. 그런데 7절 말씀을 곰곰이 보십시오. 좋아하는 말 가운데 조금 다른 것이 있습니다. 사라가 "자식들을 젖먹이겠다고 누가 아브라함에게 말하였으리요마는……"이라고 말하는데 누가 아브라함에게 이렇게 말했겠습니까? 사라 자신밖에 더 있습니까? 자기를 두고 한 말입니다. "내가 어찌하여 하나님께서 말씀하셨을 때 웃었던가? 하나님께서 말씀하셨을 때 전적으로 믿었다면 얼마나 좋았겠는가?"라고 후회하고 있습니다.

믿고 난 후 "드디어 믿음대로 되었다!"라고 말했다면 얼마나 멋졌을까요? 자식들에게나 또 다른 사람들에게 할 말도 많았을 것입니다. 지금 사라는 부끄러운 것입니다. 그때 제대로 믿지 않았기 때문입니다. 사라는 의심도 했고 하나님을 비웃기도 했습니다. 하나님께서 사라에게 웃었다고 이야기하시자 그때 자기는 웃지 않았다고 말은 했지만 실은 웃었습니다. 믿음 이전의 이런 흔들리는 모습이 사라에게 또 아브라함에게 있었습니다.

그렇게 믿음이 좋았던 욥에게도 비슷한 일이 있었습니다. 욥이 얼마나 힘들었습니까? 그 많던 재산이 하루아침에 다 날아갔고 10명이나 되는 자식을 다 잃었습니다. 게다가 몸도 만신창이가 되었습니다. 그래도 욥은 잘 견디었습니다.

"내가 빈손으로 왔으므로 빈손으로 갈 수 있지."

"하나님께서 주신 것을 하나님께서 가져가시는데 내가 무슨 말을 할 수 있겠는가."

잘 견디었습니다.

친구들이 욥을 찾아왔습니다. 같이 울면서 지낼 때는 좋았습니다. 그러나 며칠이 지나자 친구들은 욥에게 이런저런 말을 하기 시작합니다.

여러분들에게 부탁드리고 싶은 것이 있습니다. 힘들고 어렵고 고통당하고 고난을 겪는 사람들에게 될 수 있으면 말하지 마십시오. 도와주고 싶은 마음에 하는 말이겠지만 사실 도움이 안 됩니다. 오히려 상처만 되는 일들이 비일비재합니다.

욥도 친구들이 그냥 함께 울고만 있을 때는 도움이 되고 참을 수 있었지만, 차차 그들이 말하기 시작하자 견딜 수가 없었습니다. 욥이 말하기 시작했습니다.

"하나님, 저에게 무슨 죄가 있습니까? 제가 어쩌다 이런 처지가 되었습니까? 제가 그런 일을 당해야 되는 까닭이 있어서 그렇게 되었다면 마땅하게 받아들이겠습니다만 저는 잘 모르겠습니다. 하나님께서 말씀 한번 해보십시오. 무슨 말씀이든지 하시기만 하면 '아멘' 하고 받아들이겠습니다."

욥이 하나님께 대들었습니다. 너무도 속이 상했기 때문입니다.

그런 욥을 하나님께서 야단치셨습니다.

"네가 뭘 그리 잘했다고 큰소리치느냐? 지금까지 네가 한 일 중 너 스스로가 할 수 있는 일이 무엇이 있었느냐? 내가 무슨 생각을 하고 무엇을 할 것인지 네가 아느냐? 네가 내 마음속을 볼 수나 있느냐? 세상 돌아가는 일 가운데 네가 제대로 설명할 수 있는 것이 하나라도 있느냐? 왜 그렇게 말이 많으냐?"

이 말씀을 들은 욥은 하나님 앞에 엎어졌습니다.

"주께서는 못하실 일이 없사오며 무슨 계획이든지 못 이루실 것이 없는 줄 아오니 무지한 말로 이치를 가리는 자가 누구니이까 나는 깨닫지도 못한 일을 말하였고 스스로 알 수도 없고 헤아리기도 어려운 일을 말하였나이

82

다 내가 말하겠사오니 주는 들으시고 내가 주께 묻겠사오니 주여 내게 알게 하옵소서 내가 주께 대하여 귀로 듣기만 하였사오나 이제는 눈으로 주를 뵈옵나이다 그러므로 내가 스스로 거두어들이고 티끌과 재 가운데에서 회개하나이다." (욥 42:2~6)

이처럼 욥도 많이 흔들렸습니다.

4

아이를 얻고 그렇게 좋아하던 사라도 이전에는 흔들렸습니다. 그러나 참으로 귀한 것은 사라가 결국 믿음을 선택했다는 사실입니다.

「히브리서」11장 11절에서 이렇게 말씀합니다.

"믿음으로 사라 자신도 나이가 많아 단산하였으나 잉태할 수 있는 힘을 얻었으니 이는 약속하신 이를 미쁘신 줄 알았음이라."

하나님은 신실하시고 진실하시므로 한 번 말씀하시면 당신이 한 말씀을 지키시는 분인 줄 알았고 그 하나님을 믿었다는 말입니다.

우리들에게 필요한 것이 바로 믿음입니다. 우리는 약할 수 있고 시원찮을 수 있습니다. 많이 부족합니다. 곁눈질하기도 하고 여기저기서 흔들리기도 하고 방황하기도 합니다. 그러나 중요한 것은 '결정적인 순간에 어디로 가는가?'입니다.

주님께서는 "믿는 자가 복이 있다"라고 말씀하십니다.

예수님께서 부활하시고 난 후 제자들이 모인 곳에 오셨습니다. 그 자리에 열두 제자 중 도마가 없었습니다. 예수님께서 나타나셨다가 가신 후 다른 제자들이 도마에게 부활하신 예수님을 보았다고 말했습니다. 그러자 도마는 "내가 그의 손의 못 자국을 보며 내 손가락을 그 못 자국에 넣으며 내 손을 그 옆구리에 넣어 보지 않고는 믿지 아니하겠노라"(요 20:25)라고 말했습니다.

그리고 8일 뒤에 주님께서 다시 오셨습니다. 그 자리에는 도마도 있었습니다. 그때 주님께서 도마에게 "네 손가락을 이리 내밀어 내 손을 보고 네 손을 내밀어 내 옆구리에 넣어 보라 그리하여 믿음 없는 자가 되지 말고 믿는 자가 되라"(요 20:27)라고 말씀하십니다. 이 말씀을 들은 도마가 얼마나 죄송하고 부끄러웠겠습니까? 그때 도마가 "나의 주님이시오 나의 하나님이시니이다"(요 20:28)라는 고백을 합니다. 이것은 기독교 최고의 고백입니다. 예수님을 하나님이라고 고백한 사람은 도마가 최초였습니다. 대단한 고백을 했습니다. 그때 주님께서 도마에게 말씀하십니다.

"너는 나를 본 고로 믿느냐 보지 못하고 믿는 자들은 복되도다."(요 20:29)

모든 사람들이 다 믿는 것, 보고 난 후에 믿을 만한 것을 믿는 것을 믿음이 아니라고 말할 수는 없습니다. 하지만 과연 칭찬하고 자랑할 만하며 널리 내세울 만한 믿음이라고 할 수 있겠습니까? 그것은 아닙니다. 모든 사람이 다 믿을 만한 것을 믿는 것은 믿음이라고 하지 않습니다. '모든 사람이 오해하고 저 사람은 아니라고 할 때, 그럼에도 불구하고 나는 믿는다'라고 하는 믿음이 진짜 믿음입니다. 다른 사람들 모두가 '나는 안 믿는다, 못 믿는다' 할 때, '그래도 나는 믿는다!'라고 하는 그 믿음이 진짜 믿음입니다. 하나님께서 여러분들에게 바라는 믿음이 바로 이런 진짜 믿음입니다.

5

여러분이 기도하는 것을 하나님께서 전부 다 응답하시는 것은 아닙니다. 그 까닭이 무엇인지 아십니까? 무엇이든 다 들어주신다면 기독교인과 비기독교인의 차이가 없기 때문입니다. 무엇이든 들어준다면 전부 다 교회로 올 것입니다. 무슨 요구만 하면 다 들어주실 것이라는 '사탕'을 받기 위해서입니다. 그러면 기독교인과 비기독교인의 차이가 나지 않습니다. 하나님께서는 누가 진짜 믿음이 있는 사람인지 보십니다. 진짜 믿음이 있는 사람을 기다리시고 많이 소원하십니다.

보지 않아도 믿는 사람이 되십시오. 하나님께서는 하나님 말씀에 대해서 그냥 믿는 사람을 찾으십니다.

우리 하나님은 진실하십니다. 신실하십니다. 어제도 오늘도 내일도 변함이 없습니다. 한 번 말씀하시면 어떤 일이 있어도 지키십니다. 잠시 잠깐이 아닙니다. 하나님께서는 영원히 변치 않으십니다. 문제는 우리입니다. 우리가 믿지 못하고 기다리지 않습니다. 하나님을 믿지 못하기 때문에 기다리지 않습니다. 아주 조금 기다리다 가버립니다. 하나님께서는 준비하시고 계시는데 우리는 금세 떠나가버립니다. 예수님께서 이것을 걱정하시고 하신 말씀이 있습니다.

"하나님께서 그 밤낮 부르짖는 택하신 자들의 원한을 풀어 주지 아니하시겠느냐 그들에게 오래 참으시겠느냐 내가 너희에게 이르노니 속히 그 원한을 풀어 주시리라."(눅 18:7~8)

이 말씀을 하시고 난 후 "그러나 인자가 올 때에 세상에서 믿음을 보겠느냐 하시니라"(눅 18:8)라고 한탄하셨습니다.

주님의 마음속에는 믿음이 있는 사람, 믿는 사람을 보고 싶은 소원이 있습니다. 그러나 우리는 잠시라도 주님이 안 보이면 믿지 못하고 흔들리고 돌아가버립니다.

믿음의 성경 「히브리서」 11장에서는 "믿음이 없이는 하나님을 기쁘시게 하지 못하나니"(히 11:6)라고 말씀하십니다. 여러분의 믿음은 하나님을 기쁘게 합니다. 여러분이 믿으면 하나님이 행복하십니다. 중요한 것은 하나님께서 기뻐하시게 되면 여러분도 결과적으로 기쁘게 된다는 사실입니다. 하나님의 기쁨은 여러분의 기쁨이 되고 행복이 됩니다.

많은 사람들에게 기쁨이 없는 까닭, 행복이 없는 이유는 문제가 해결되지 않았기 때문이 아닙니다. 소원이 이루어지지 않아서가 아닙니다. 믿음이 없어서입니다. 인생을 살면서 이런저런 문제가 해결된 적이 많았을 것입니다. 그렇게 문제가 해결되었다고 행복하셨습니까? 소원이 이루어져서 그것 때문에 행복했습니까? 정말로 기뻤습니까?

잠시는 그럴 수 있겠지만 진실로 오래 행복해지지는 않습니다. 믿음이 없기 때문입니다. 믿음이 있다면 혹 소원이 이루어지지 않고 아직 문제가 해결되지 않았다고 할지라도 계속해서 행복할 수 있고 계속해서 기쁠 수 있습니다. 하나님께서 하시는 말씀이 바로 이것입니다. 믿음이 없기 때문에 기쁨이 없습니다. 참된 인생의 의미가 없습니다.

어떤 사람이 "직업이 없는 사람은 비루해진다"라는 말을 했는데 참 옳은 말입니다. 그는 여기에서 더 나아가 "믿음이 없는 사람은 더 비루해진다"라고 합니다. 아주 정확한 표현입니다. 믿음이 없으면 추해지고 초라해집니다. 직업이 없으면 겉은 좀 힘들고 다른 사람보다 좀 부족할지 몰라도, 그러나 직업이 없다는 그것만으로 비루해지거나 초라해지지는 않습니다.

6

하나님을 믿으십시오. 바보같이 보여도,
다른 사람이 나를 못난 사람, 미련한 사람
이라 할지라도 하나님을 믿으십시오. 하
나님 말씀을 믿으십시오. 바보처럼 믿으
십시오. 속을 것 같아도 믿으십시오. 속고
또 속을 것 같아도 한번 믿어보십시오. 차라리 속겠다고 작정
하고 믿으십시오. 하나님 앞에서 시원하게 웃어보십시오. 멋지
게 웃어보십시오. 억지로라도 웃어보십시오.

유명한 연기파 배우 안소니 퀸이 주연한 영화 〈25시〉에서
주인공이 영화 마지막 무렵, 웃고 있는 장면을 보면 희한합니
다. 웃는 것도 아니고 우는 것도 아닙니다. 영화의 내용을 잠
깐 살펴 보면, 주인공이 적군으로 오해받아 감옥에 갇히게 됩
니다. 억울하게 오랫동안 감옥에서 고생합니다. 그 사이 아내
가 적군에게 추행당하여 아이를 낳습니다. 그러다 남편이 석
방됩니다. 석방을 기뻐하며 남편은 아내를 만나러 가는데 그
아이가 보입니다. 이 기구한 운명의 주인공에게 기자가 카메
라를 들이댑니다. 주인공이 웃습니다. 그의 얼굴이 웃는 것도
아니고 우는 것도 아닌 표정입니다.

인생을 살다보면 웃기 힘든 상황이 생길 수도 있습니다. 절

대 생기지 않을 그런 상황이 있어도, 그러나 그럴 때에도 웃으십시오. 그 상황 때문이 아니라 하나님을 보고 웃으십시오. 여러분에게는 하나님이 계십니다. 나를 보고 계시는 하나님, 나를 그토록 사랑하시는 하나님. 나를 낳아주신 어머니, 아버지보다 나를 더 사랑하시는 하나님, 하나밖에 없는 아들을 나를 위해서 십자가에 못 박게 하신 하나님을 보고 웃으십시오. 하나님은 절대로 나를 버리지 않을 것이라는 것을 믿고 웃으십시오.

요즘 웃음치료를 많이 합니다. 웃음치료가 우리나라에도 많이 도입되고 있습니다. 외국에서는 웃음치료로 암이 낫거나 더 이상 암이 진행되지 않는다는 보고가 많이 들어오고 있습니다.

저도 한번 실험을 해보았습니다. 억지로 웃어보았습니다. 힘들여 열 번 정도 웃어보니 도무지 못 웃을 것 같았는데 진짜로 웃어졌습니다. 요즘은 훈련이 많이 되어 뉴스나 다큐멘터리 같은 프로그램에 조금만 웃을 거리가 나오면 웃기 시작합니다. 억지로 웃었더니 진짜로 웃게 되는 것을 배웠습니다. 한번 해보십시오.

하나님 앞에서, 하나님을 생각하면서, 하나님을 믿고 크게 웃으면 하나님께서 진짜로 활짝 웃게 만들어주십니다. 하나님께 속을 일이 없습니다. 절대로 속지 않습니다. 반드시 이루어주십니다.

1절 맨 처음에 "여호와께서 말씀하신 대로"라고 하시고는 또 이어서 "여호와께서 말씀하신 대로"라고 말씀하십니다. 2절에는 "하나님이 말씀하신 시기가 되어"라고 말씀하십니다. 하나님께서 한 번 말씀하시면 말씀 그대로 이루어집니다.

아브라함은 믿기가 정말 힘들었을 것입니다. 그 말씀을 들은 지 25년이나 되었습니다. 하나님께 속은 것 같았을 것입니다. 객관적으로나 상황적으로나 상식적으로 보아도 더 이상 믿기 어려웠을 것입니다. 그럼에도 불구하고 아브라함은 믿었습니다. 이런 것을 '믿음'이라고 말합니다.

하나님께서 말씀하십니다.

"세상을 이기는 승리는 이것이니 우리의 믿음이니라."

(요일 5:4)

역사상 하나님을 믿지 않아서 후회하는 사람들은 많았습니다. 그러나 하나님을 믿어서 후회한 사람은 없습니다. 믿음으로 승리하십시오.

5

성루에 서리라

내가 내 파수하는 곳에 서며 성루에 서리라 그가 내게 무엇이라 말
씀하실는지 기다리고 바라보며 나의 질문에 대하여 어떻게 대답하
실는지 보리라 하였더니

여호와께서 내게 대답하여 이르시되 너는 이 묵시를 기록하여 판
에 명백히 새기되 달려가면서도 읽을 수 있게 하라 이 묵시는 정한
때가 있나니 그 종말이 속히 이르겠고 결코 거짓되지 아니하리라
비록 더딜지라도 기다리라 지체되지 않고 반드시 응하리라

「하박국」 2:1~3

1

중세 시대에 이탈리아 밀라노의 한 예배당에 중년 여인이
기도하러 들어왔습니다. 그 중년 부인은 기도를 시작하자마
자 통곡을 합니다. 잠시가 아니라 30분이 지나도 통곡 소리는

멎지 않았습니다. 한 사제司祭가 이를 지켜보다가 부인에게 물었습니다. "부인, 아주 어려운 일이 생기셨나 봅니다." 부인은 "사제님, 내 아들이 이단에 빠졌습니다. 이를 어떻게 하면 좋습니까?" 부인은 다시 울음을 터뜨렸습니다. 그 말을 들은 사제가 기독교 역사상 위대한 말을 그 부인에게 전하게 됩니다. "부인, 걱정하지 마세요. 기도하는 자의 자식은 결코 망하지 않습니다."

그때 그 밀라노 예배당에서 기도하던 부인이 바로 나중에 성자가 된 어거스틴의 어머니였습니다. 그 어머니의 기도에 하나님께서 역사하셔서 어거스틴으로 하여금 망하지 않게 하셨습니다. 어거스틴을 하나님께로 돌아오게 하시고 기독교의 위대한 하나님의 종으로 만드셨습니다.

2

자식의 일뿐만 아니라 모든 것이 다 그렇습니다. 가정도 그렇고 나라도 그렇습니다. 하나님의 백성이 기도하면 절대로 망하지 않습니다.

문제는 우리에게 달려 있습니다. 나라의 지도자들에게 달려 있는 것이 아닙니다. 세상의 사람들에게 달려 있는 것이 아닙니다. 기독교 신자들에게 달려 있습니다.

하박국 시대의 이스라엘은 모든 것이 총체적으로 타락한 상태였습니다. 정치적으로는 부패했습니다. 사회에는 죄악이 만연했습니다. 사람들은 자기가 죄를 지으면서도, 악을 행하면서도 그것이 죄를 짓는 것인지, 악을 행하는 것인지 분별조차 하지 못했습니다. 정의가 사라졌습니다. 나라의 지도자들, 특별히 법을 집행하는 재판관들에게까지도 정의가 사라졌습니다. 오로지 자기 이익만 챙기는 어두운 시대였습니다.

무엇보다도 종교가 썩을 대로 썩었습니다. 그중에서도 가장 문제는 종교지도자들이었습니다. 종교지도자들이 타락하면 교회가 썩습니다. 교회가 썩게 되면 온 가정이 잘못된 길로 빠집니다. 사회가 썩고 나라가 썩습니다. 그다음 나라가 무너집니다. 모든 것이 다 교회에 달려 있습니다. 교회지도자들에게 많이 좌우됩니다.

이에 하박국은 한탄하면서 하나님께 하소연하고 간절하게 기도했습니다.

"하나님, 우리는 하나님의 백성이 아닙니까? 여기는 하나님의 나라가 아닙니까? 거룩해야 할 하나님의 나라 이스라엘이, 거룩해야 할 이스라엘 민족들이 어떻게 이럴 수가 있습니까?"

그러자 하나님께서 전혀 의외의 말씀을 하셨습니다. "알았다. 내가 바벨론을 일으켜서 네가 말하는 이스라엘의 죄악을 치겠다."

하나님의 대답을 들은 하박국이 깜짝 놀랐습니다. 어떻게 '저렇게 악한 바벨론'을 들어서 이스라엘을 치겠다고 말씀하시는가, 이스라엘을 치기 위해서 어떻게 '그런 바벨론'을 부흥시키시고 강하게 하시고, '그런 바벨론'을 하나님의 도구로 쓰시는지 이해가 되지 않았습니다.

하박국은 다시 하나님께 기도했습니다. 한참을 기도하자 하박국 속에 무언가 확신이 생깁니다. 깨달음을 얻습니다. '악한 바벨론은 잠시, 죄를 지은 이스라엘을 치기 위한 도구로 쓰이는 동안 그때까지만 강하게 하고 그때까지만 부흥하게 하실 것이다. 바벨론은 잠시뿐이라는 것'을 깨닫게 됩니다.

기도하다보면 이런 깨달음이 옵니다. 기도하지 않기 때문에 하나님 마음을 알지 못합니다. 기도하면 무언가 알게 됩니다.

3

하박국에게 여전히 강한 의문이 남았습니다. 하나님의 뜻은 알겠지만 당시 이스라엘 민족의 고통이 너무 심했습니다. 이스라엘이 잘못하기는 했지만 그렇게까지 심한 고통을 겪어야 하는지에 대한 의문이 들었습니다. 예를 들면 이와 같습니다, '내가 지금까지 하나님께 순종하지 않고 잘못한 것도 많지만 이렇게까지 나를 힘들게 하실 수 있는가, 나 때문에 내 가족들까지 이 정도로 고통당하게 하실 수가 있는가?' 이해가 되지 않았습니다.

사람들은 항상 자신에 대해서는 관대합니다. 내가 지은 죄는 작게 보고 내가 받지 못한 것에 대해서는 항상 불평불만을 늘어놓는 법입니다. 하박국도 마찬가지였습니다. 이스라엘의 고통이 너무 심하고 지나치게 길다고 생각했습니다. 그런데 옆을 보니 잘 되어서는 안 될 악한 바벨론이 잘 되어도 너무 잘 되고 강해도 너무 강했습니다. 그 힘이 매우 오래갔습니다. 꼭 필요하다면 잠시 동안만 힘을 주시면 될 텐데 왜 저 민족을 그렇게 오래 잘 되게 하시는지 이해가 되지 않았습니다.

이때 하나님께서는 당신의 종 하박국을 통해서 요즘 시대의 기독교 신자들이 배워야 할 중요한 진리를 가르치십니다. '기도 후에는 기다리는 시간을 가져야 한다!'라는 가르침입니다.

사람들은 기도했으니 이제 곧 답을 주셔야 한다고 하나님을 재촉합니다. 기도를 했는데 왜 답을 주지 않으시는가? 아무리 늦어도 이제는 답을 주셔야 할 것 같은데, 왜 아직도 답을 주지 않으시는가? 하나님을 원망합니다.

하나님은 내가 기도했다고 당장 내가 원하는 대로 응답을 주시고, 내가 이렇게 해주시기를 바란다고 내가 바라는 대로 응답하시는 우리의 '종'이 아닙니다. 하나님은 우리의 '주인'이시지 우리의 '종'이 아닙니다.

하나님에게는 하나님의 방식이 있습니다. 기독교 신자들은 나에게 아주 이해하기 어려운 일이 있을 때, 너무 답답하고 원통한 일이 생길 때 하나님께는 하나님의 방식이 있고 우리에게는 우리가 거쳐야 할 과정이 있다는 사실을 알아야 합니다.

4

인생을 살다보면 너무 답답하고 힘들고 억울할 때가 있습니다. 도저히 하나님까지도 이해하지 못하겠다고 생각될 때가 있습니다. 그럴 때 여러분이 해야 할 첫 번째 일은 '하나님을 아는 것'입니다.

성경을 통해서 하나님을 알아야 합니다. 내 나름대로 생각하는 하나님은 기독교의 하나님이 아닙니다. 성경을 통해서 하나님을 알아야 합니다. 그것이 기독교입니다.

하나님께서 무슨 말씀을 하셨는가? 구약의 시대, 친히 하나님께서 역사하실 때 하나님은 어떤 하나님이신가? 이 땅에 내려오신 예수님께서 이 땅에 계실 때 하나님은 어떤 하나님이라고 말씀하셨는지 성경을 통해서 알아야 합니다. 이것을 바탕으로 생각해야 하나님을 제대로 알 수가 있습니다. 성경에 대해서 공부도 하지 않고 연구도 하지 않고 성경도 읽지 않으면, 하나님을 알 수 없습니다. 그런 것을 가리켜서 기독교 미신이라 하고 기독교 샤머니즘이라고 합니다. 아무리 하나님 이름, 예수님 이름을 앞에 갖다 붙여도 소용이 없습니다. 하나님을 제대로 알아야 합니다. 첫 번째 우리가 해야 할 일이 하나님을 제대로 아는 것입니다.

두 번째는 우리에게 일어난 일에 대해서 '생각'을 해야 합니다. 고뇌해야 합니다. 하나님 뜻이 무엇인지 깊이 생각해야 합니다. 일이 일어났다고 아무 생각 없이 그냥 아이들처럼 매달릴 것이 아닙니다. 무슨 뜻일까? 하나님께서 왜 이렇게 하실까? 깊이 생각해볼 줄 알아야 합니다.

예수님께서 「마태복음」 6장에서 말씀하셨습니다.

"공중의 새를 보라 심지도 않고 거두지도 않고 창고에 모아들이지도 아니하되 너희 하늘 아버지께서 기르시나니 너희는 이것들보다 귀하지 아니하냐."(마 6:26)

"너희가 어찌 의복을 위하여 염려하느냐."(마 6:28)

"참새들도 다 먹이는데 왜 그것을 염려하느냐"라고 하시면서 하시는 말씀이 있습니다.

"들의 백합화가 어떻게 자라는가 '생각'하여 보라."
(마 6:28)

좋은 계절 가을이 왔습니다. 주변의 꽃들이 아주 예쁩니다. 여름 꽃, 겨울 꽃과 가을 꽃은 좀 다릅니다. 보라색으로 변하고 노란색으로 변합니다. 특별히 산 높은 곳에 올라가면 노란색 꽃들이 얼마나 예쁜지 모릅니다. 앞에서 봐도 꽃잎 뒤가

비칠 것처럼 투명합니다. 화단 사이사이에 장미가 어떻게 그렇게 예쁜지 모릅니다.

이것을 보면서 한번 생각해보십시오. 들의 잡초 속에 피어 있는 꽃을 보면서 한번 생각해보십시오. TV에 나오는 동물의 세계를 보면서 어떻게 그렇게 기가 막히게 마치 톱니바퀴가 돌아가듯이 조화로운지 생각해보십시오. 자연 미생물에 대해서까지도 생각해보십시오.

기독교인들에게 정말로 필요한 것이 이것입니다. 생각하고 묵상하고 필요할 때는 고뇌도 해야 합니다. 이 나라가 왜 이런가, 우리 가정은 왜 이런가, 내 인생은 왜 이런지 생각해보아야 합니다. 그저 하나님께 졸라댈 것이 아니라 가만히 시간을 두고 생각에 잠겨보는 것이 필요합니다.

세 번째는 '기도'입니다. 어떤 형태이든지 상관없습니다. 너무 속이 상하면 항의를 해도 좋습니다. "하나님, 어떻게 이러실 수 있습니까?" 따질 수도 있습니다. 한번 해보십시오.

문제는 기도를 하지 않는 것입니다. 자꾸 사람을 찾아가서 이야기하다 보니 하나님께 이야기할 틈이 없습니다. 하나님께 나아가 무슨 말을 해도 좋습니다. 어떤 말도 좋습니다. 하나님과 이야기하는 것이 중요합니다.

물론 이것만으로는 충분하지 않습니다. 하나 더 남아 있습니다. 그다음에 반드시 있어야 하는 것이 하나님을 기다리는 것입니다. 오늘 하박국이 그러했습니다. 본문 1절에서 "그가 내게 무엇이라 말씀하실는지 기다리고 바라보며 나의 질문에 대하여 어떻게 대답하실는지 보리라"라고 말씀하십니다. 3절에서는 하나님께서 친히 "이 묵시는 정한 때가 있나니 그 종말이 속히 이르겠고 결코 거짓되지 아니하리라 비록 더딜지라도 기다리라 지체되지 않고 반드시 응하리라"라고 말씀하십니다.

하나님을 기다리는 것이 필요합니다. 아이가 질문하거나 무엇을 요구했을 때 아빠 엄마가 대답하기에 앞서 생각을 해야 할 때가 많습니다. 하나님도 그러하십니다. 여러 가지로 생각이 많으십니다. 하나님께서 여러분을 로봇 다루듯이 하시지 않습니다. 물건 다루듯이 하시지 않습니다. 생각을 거듭하십니다. 하나님께 충분한 시간을 드려야 합니다.

본문 1절에는 '성루'라는 말이 나옵니다. '성루'는 높은 곳이라는 뜻입니다. 사람들이 사는 곳이 아니라 '사람들이 없는 곳'입니다. 지금까지 내가 있던 곳으로부터 멀리 떨어진 곳에서는 곳입니다. 하박국이 성루에 서겠다고 합니다. 이제부터 나는, 지금까지 내가 뚫어지도록 쳐다보던 그 문제를 보지 않겠다는 말입니다. 이것이 하나님을 기다리는 것입니다. 나는 나의 현재의 이 문제로부터 벗어나겠다, 나는 이 문제에서 떨어지겠다는 말입니다.

하나님을 기다린다는 것은 지금까지 내가 들고 있던 그 문제를 내 손에서 내려놓는 것입니다. 지금까지 내가 끊임없이 쳐다보던 그 문제, 그 사람, 그 일을 그만 쳐다보는 것입니다. 이것이 하나님을 기다리는 것입니다.

그렇다면 내가 들고 있던 그 문제를 어떻게 하며, 내 눈은 무엇을 쳐다봐야 합니까? 내가 들고 있던 문제, 일, 사람, 그 사람이 자식이든지 누구든지 하나님께 맡기는 것입니다. 저는 자주 그렇게 합니다. 저한테는 바구니가 몇 개 있습니다. 어떤 것은 큰 바구니에 담아 예배당 십자가 앞에 내려놓습니다. '하나님 받으세요. 이제 하나님께 드립니다.' 어떤 것은 조그마한 바구니에 담아 하나님께 가져다 드립니다. 이것이 필요합니다. 하나님께 맡기는 것입니다. 사람을 쳐다보고 일을 쳐다보고 문제를 쳐다보는 그 눈 대신에 하나님을 쳐다보는 눈을 갖는 것, 이것이 하나님을 기다리는 것입니다. 하나님을 쳐다봐야 합니다.

이렇게 살면 너무 좋습니다. 인생을 살면서 이런 원리를 배워야 합니다. 하나님께서 기독교인들에게 주신 큰 복이 바로 이것입니다.

5

 오늘날 우리 기독교 신자들은 하나님께 기도합니다. 특별한 간구를 하기도 합니다. "하나님, 내 힘으로는 도저히 안 되겠습니다. 하나님께서 좀 해결해주십시오. 이제부터는 이 문제를 전적으로 하나님께 맡기겠습니다"라고 기도합니다. 그리고 기도하는 그 순간에는 모든 것을 내려놓습니다. 하나님을 쳐다봅니다. 아주 잘하는 일입니다.

문제는 그다음입니다. 기도가 끝나자마자 그 문제를 다시 내 손으로 움켜잡습니다. 하나님을 바라보던 그 눈은, 하나님께 맡겼다고 말한 그 문제, 그 일, 그 사람을 다시 쳐다보기 시작합니다. 문제가 바로 이것입니다. 말과 행동이 다릅니다. 하나님 앞에 섰을 때, 기도할 때, 예배당에 있을 때와 일상 생활 속으로 들어갔을 때 우리 삶의 모습이 다릅니다.

그런 것은 기도가 아닙니다. 기도하는 척하는 것일 뿐입니다. 그것은 신앙이 아닙니다. 신앙의 모습을 가진, 그야말로 무늬만 있는 신앙입니다. 하나님께서 '일을 시작'하려고 하시는데 어느 틈에 그 일과 문제를 내가 다시 가져가려고 합니다. 하나님께서 손을 보려고 하시지만 하나님께 맡겼던 그 사람이 다시 찾아갔으니, 하나님이 손볼 사람도 없고 손댈 일도 없어졌습니다. 하나님의 할 일이 없어지고 말았습니다.

우리의 문제는 이것입니다. 우리의 기도 실패는 바로 이것입니다. 기도하지 않은 것은 아닙니다. 기도 아닌 기도를 한 셈입니다. 신앙의 모습을 갖추었지만 신앙이 아닌 신앙을 하더라는 것입니다. 나 혼자서 끝내버리고 마는 것입니다.

기도는 하나님께 맡기는 것입니다. 그리고 맡기려면 정말로 맡겨야 합니다. 하나님께 기도하고 난 후 "하나님, 이제 저는 더 이상 이 문제를 붙들고 있지 않겠습니다. 앞으로 다시는 보지 않겠습니다. 이제는 결코 저의 문제가 아닙니다. 하나님의 일입니다"라는 선언이 필요합니다.

그렇게 선언해보십시오. 하나님이 알아서 하십니다. 내가 만약 진실한 하나님의 아들이요 딸이라면 그걸 해결해주시지 않으면 하나님만 손해입니다. 이런 자신감을 갖고 당당해야 합니다. 이런 사람이 하나님께 맡길 수 있습니다.

하나님은 이런 사람을 좋아하십니다. 많이 아끼십니다. 때로는 하나님께서는 할 수 없이 뭔가를 해야겠다고 생각하시는 일까지 있습니다. 처음에는 '그 정도는 네가 해야지' 하시다가, 우리가 하나님께 맡겨버리면 공이 하나님께 왔는데 어떻게 하시겠습니까?

축구할 때 미드필더는 특별한 경우에는 조금 더 나아갈 수 있겠지만, 정말로 뛰어난 선수는 미드필더 역할까지만 합니다. 공이 잘 들어갈 수 있도록 골 게터goal getter에게 공을 넘겨

줍니다. 그리스도인들이 이 세상
살아갈 때 가장 기본적인 자세가
이것입니다.

6

세상이 많이 험하고 복잡합니다. 옛날에 능숙하게 살았던 사람들도 이젠 전처럼 그대로 살아가다간 잘 헤쳐나아갈 수가 없습니다. 어떻게 하면 이 복잡하고 험한 세상을 멋진 모습으로 승리하면서 살 수 있겠습니까? 신비로운 하나님의 도움을 받아야 합니다. 하나님께 맡겨야 합니다. 세상을 전적으로 주관하시는 하나님께 맡기는 것입니다. 세상의 주인, 인생의 주인, 역사의 주인이신 하나님께 맡기는 것입니다.

하나님께 맡기는 그 순간부터는 고민할 필요가 없습니다. 그때부터는 누구와도 상담하지 마십시오. 만약 하려거든 일찌감치 상담하고, 하나님께 기도하고 맡기고 난 후에는 일체 다른 사람과 이야기도 하지 마십시오. 우리 문제가 이것입니다. 하나님께 맡겼다고 하면서도 자신의 문제를 다른 사람과 이야기하면서 놀고 있습니다. 그때부터는 목사를 찾아와서 상담해도 안 됩니다. 미리미리 주변 사람들에게 상담을 하고 그 뒤에는 전적으로 하나님께 다 맡기세요. 그러고 난 후에는 고요하고 잠잠하게 하나님을 쳐다봐야 합니다. 하박국이 올라간 성루에 가야 합니다. 한번 올라가보십시오.

여러분 나름의 '성루'를 만들어놓으십시오. 식탁에 앉거나 차에 가만히 앉아서 생각하든지 성루에 올라가십시오. 하나님을 기다리는 그때부터는 하나님께 맡기고 "하나님, 다 알아서 하십시오"라고 하십시오.

그 결과는 대단합니다. 먼저 맡기고 나면 마음이 평안합니다. 평안을 얻을 수 있습니다. 우리 기독교 신자들이 평안을 얻는 방법은 마술적인 방법이 아닙니다. 현실 속에서 이런 신앙 자세를 통해서 평안을 얻으십시오. 하나님께 다 맡겼으니 내가 고민할 것이 없습니다. 하나님만 쳐다보십시오.

7

기독교인의 평안에 대해서 아주 잘 말씀하신 것이 「빌립보서」에 있습니다.

"그리하면 모든 지각에 뛰어난 하나님의 평강이 그리스
도 예수 안에서 너희 마음과 생각을 지키시리라."(빌 4:7)

여러분 마음속에, 여러분 생각 속에 하나님의 평강이 가득
해서 어떤 환경에도 불구하고 평안을 얻을 것이라고 말씀하
십니다. 어떻게 하면 그렇게 된다고 합니까? 여기에 대한 답
을 6절에서 말씀하십니다.

"아무것도 염려하지 말고 다만 모든
일에 기도와 간구로, 너희 구할 것을
감사함으로 하나님께 아뢰라."(빌 4:6)

감사함이란 말 속에 전부 다 포함되어 있습니다. 하나님께
전부 다 믿고 맡기라는 말씀입니다. 하나님을 신뢰하라고 말
씀하십니다. 하나님께 감사함으로 믿고 맡기라고 하십니다.

하박국이 그렇게 하자 평안해졌을 뿐 아니라 더 좋은 답
을 얻습니다. 직접적인 하나님의 대답을 받았습니다. 지난번
에 기도했을 때에도 답을 받았습니다. 그러나 하나님께서 직
접 응답하신 것이 아니라 하박국 마음속의 확신과 깨달음으
로 응답이 왔습니다. 이스라엘이 완전히 망하지 않을 것이라
는 확신, 바벨론은 하나님께서 이스라엘을 치는 도구로만 사
용하실 것이라는 깨달음을 얻은 뒤 기다리자 하나님께서 친

히 대답하셨습니다.「하박국」2장 첫머리에 "여호와께서 내게 대답하여 이르시되"(합 2:2) 하나님께서 직접 대답하셨습니다. 이것입니다. 드디어 하나님의 대답을 직접 들었습니다.

여러분도 힘든 일, 고통스러운 일, 답답한 일, 이해하지 못한 일이 왔을 때, 하박국처럼 하나님이 주시는 평안을 얻으시고 친히 대답을 직접 받으시면 좋겠습니다. 예수님을 믿으려면 이렇게 믿어야 합니다. 믿지 않는 사람들처럼 사는 것이 아니라, 하나님께 이런 답을 얻을 수 있어야 합니다. 도저히 견디지 못하는 상황 속에서도 평안을 얻는 믿음, 이런 복을 받아야 합니다.

확인차 다시 말합니다. 이런 평안을 얻기 위해서, 하나님과 직접적인 교통을 위해서 우리들에게 필요한 것은 바로 기도하는 것입니다. 그냥 기도하는 것이 아니라 진실되게 기도하고 하나님을 기다리는 것입니다. 기도하면서 기다릴 수도 있고, 성경을 읽으면서도 기다릴 수 있습니다. 성경을 읽을 때 가끔씩 하나님께서 번쩍이는 영감을 주십니다. 정말로 놀랍습니다. 하나님께서 대답하셨다는 것을 알게 됩니다. 나도 모르게 노래를 부르게 됩니다.

때로는 묵상을 하면서 기다립니다. 걸어가면서, 앉아서도, 운전하면서도, 사무실에서도 묵상을 합니다. 그럴 때 하나님께서 응답하십니다. 이런 기다림이 필요합니다.

다만, 여러분이 하나님을 기다릴 때 맥 놓고 기다리지는 마십시오. 눈과 마음은 하나님께 집중해야 합니다. 하나님을 쳐다봐야 합니다. 하나님께 예민해야 합니다. 하나님께서 언제 대답하실지 모릅니다. 이것에 대한 것이 "내가 내 파수하는 곳에 서며"(합 2:1)라는 말씀입니다. 파수하는 곳이 무엇입니까? 적들이 쳐들어오는지 보는 곳입니다. 하박국은 파수하는 곳에서 누구를 기다리며 누구를 쳐다보고 있습니까? 하나님을 쳐다보고 있습니다. 하나님께 '예민하고' 있습니다.

엘리야가 자기는 기도할 테니 사환을 보냅니다. 산꼭대기에 올라가서 하나님께서 무슨 '신호'를 보내주시는지 보라고 했습니다. 일곱 번이나 올라가라고 했습니다.

기다려야 합니다. 하나님께 예민해야 합니다. 하나님께서 무엇을 말씀하시는지 하나님께 집중해야 합니다. 집중하려면 세상에 대해서는 둔감해야 합니다. 세상에서 눈을 돌려야 합니다. 세상과 하나님 양쪽에 집중하는 것은 되지 않습니다. 바보처럼 세상에서는 눈을 돌리고 하나님만 쳐다보십시오. 사람을 볼 필요 없습니다. 저 사람이 나를 해칠까 두려울지라도 하나님이 계시는 한 여러분을 손대지 못합니다. 하나님께서는, 당신을 쳐다보고 있는 사람을 천사와 천군을 통해서 지켜주십니다. 걱정하지 마십시오.

8

 이제 마지막으로 여러분이 하나님의 응답을 받았을 때, 하나님과 교통하고 평안함을 얻었을 때 하셔야 할 일이 있습니다. 하나님께 다 받아 누렸는데 나만 혼자 누리고 끝나는 것은 아닙니다. 기독교인이라면 나만 복을 누리고 좋은 것을 누리는 사람들이 아닙니다. 세상 사람들에게 알려 나누어야 합니다.

「하박국」2장 2절에서 "너는 이 묵시를 기록하여 판에 명백히 새기되 달려가면서도 읽을 수 있게 하라"라고 말씀하십니다. "우리 하나님은 이런 하나님이시다, 우리 하나님께서 나에게 이런 은혜를 주셨다, 나에게 이런 복을 주셨다, 이런 응답을 하셨다!" 사람들에게 알려야 합니다. 살짝 이야기하고 지나가는 것이 아닙니다. 누구든지 알 수 있도록 확실히 말해야 합니다. 세상 사람들이 하나님을 볼 수 있도록, 알 수 있도록 증거해야 합니다.

「로마서」10장 13절에서 "누구든지 주의 이름을 부르는 자는 구원을 받으리라"라고 말씀하십니다. 이에 대해서 사도 바울이, "그들이 믿지 아니하는 이를 어찌 부르리요 듣지도 못한 이를 어찌 믿으리요 전파하는 자가 없이 어찌 들으리요"(롬 10:14)라고 탄식했습니다.

누가 이 일을 해야 되겠습니까? 여러분들이 해야 합니다. 여러분이 진정 구원을 얻었다면, 여러분이 하나님으로 말미암아 응답을 받았다면, 또 길을 찾았다면 하나님을 전해야 합니다. 하나님에 대해 알려야 합니다. 하나님을 보여주어야 합니다. 하나님에 대해 말해야 합니다. 그래야 기도의 완성을 이룰 수 있습니다. 기도는 여기까지 이르렀을 때 완성됩니다.

확신

빌립보서 1:19-24

그리스도 천하 드니 기쁨아
가록가 예수의 성령 도우심으로
나를 구원하실줄 알므로.
나의 간절한 기대와 소망대로라
무엇에나 담대하여 살든지 죽든지
내몸에서 그리스도가 존귀케 되시니
죽는것도 유익함이라.
나가 육신으로 있더라도 네게
더 유익하니라.

이것이 너희의 간구와 예수 그리스도의 성령의 도우심으로 나를
구원에 이르게 할 줄 아는 고로

나의 간절한 기대와 소망을 따라 아무 일에든지 부끄러워하지 아
니하고 지금도 전과 같이 온전히 담대하여 살든지 죽든지 내 몸에
서 그리스도가 존귀하게 되게 하려 하나니 이는 내게 사는 것이 그
리스도니 죽는 것도 유익함이라

그러나 만일 육신으로 사는 이것이 내 일의 열매일진대 무엇을 택
해야 할는지 나는 알지 못하노라

내가 그 둘 사이에 끼었으니 차라리 세상을 떠나서 그리스도와 함
께 있는 것이 훨씬 더 좋은 일이라 그렇게 하고 싶으나

내가 육신으로 있는 것이 너희를 위하여 더 유익하리라

「빌립보서」 1:19~24

1

미국 캘리포니아에 태평양이 바라보이는 말리부라는 아주 평화로운 마을이 있습니다. 주변이 언덕으로 둘러싸여 있어 포근한 마을입니다. 마을의 어떤 언덕 위에 거대한 바위가 하나 있었습니다. 주민들은 오랫동안 바위에 대해서 별 생각 없이 그 옆으로 차를 몰고 다녔습니다. 어느 날 마을 사람 중 한 사람이 그 바위를 올려다보면서 곰곰이 생각했습니다. '만일 저 바위가 떨어진다면 우리 마을은 큰일을 당할 것이다.' 그는 마을 사람들을 모아서 대책위원회를 조직한 뒤 조사를 시작했습니다.

조사 결과, 바위가 움직일 가능성이 높은 것으로 결론이 났습니다. 대책위원회는 캘리포니아 고속도로국을 상대로 소송을 제기해 결국 바위는 제거하기로 결정되었습니다. 바위를 옮기기 위해서 거대한 불도저 두 대가 동원되었지만 바위는 꼼짝도 하지 않았습니다. 헬리콥터까지 추가로 동원되었습니다. 하늘에서는 굵고 강한 밧줄을 걸어 헬리콥터로 끌고, 땅에서는 불도저가 끌었지만 바위는 꼼짝하지 않았습니다. 그때서야 마을 사람들은 바위가 땅속 아주 깊이 묻혀 있다는 사실을 알게 되었습니다.

그러나 공사는 이미 결정된 일이라 계속하기로 했습니다.

바위를 잘라내기로 했습니다. 마침내 바위가 잘려져서 도로로 굴러떨어졌습니다. 바위 제거를 위한 경비로 당시 백만 달러가 지출되었습니다. 아이러니하게도 바위를 없앤 후에 마을은 더 큰 손해를 보게 되고 더 심한 위기감에 휩싸이게 됩니다. 바위가 없어지고 난 뒤에 언덕 위에 있던 어마어마한 흙이 마을로 쏟아져내려왔고 언제 또다시 흘러내릴지 모르기 때문이었습니다.

당시 바위 제거 작업에 대한 보도를 지켜보고 있던 호주 출신의 한 젊은이가 있었습니다. 그 젊은이는 바위가 제거되어 도로로 떨어져 내렸다는 소식을 듣고 캘리포니아 고속도로국으로 달려가서 그 바위를 사겠다고 제안했습니다. 사람들은 웃으면서 바위를 천 달러에 팔았습니다. 그 젊은이는 바위를 깎기 시작하고 어느덧 작품이 완성되었습니다. 사람의 형상을

떤 조각 작품이었습니다. '위대한 조각'이라는 이름이 붙여졌습니다. 이 작품은 거액에 팔립니다. 그 가격은 젊은이가 바위 값으로 지불한 천 달러의 천 배가 되는 백만 달러였습니다.

마을 사람들은 그 바위를 위협적인 존재로 여긴 반면에 그 젊은이는 위대한 작품의 소재가 될 것이라고 확신했습니다.

2

확신은 중요합니다. 인생을 살아갈 때에 확신이 있어야 큰 일을 하게 되고, 확신이 있을 때 더 힘 있게 일을 하게 됩니다. 그러나 어떤 확신을 하는가에 따라 많은 손해를 보기도 하고 큰 이익을 보기도 합니다. 심지어 죽기도 하고 살기도 합니다.

사도 바울은 하나님 손에 붙들려서 열심히 선교 활동을 하던 중 체포되어 감옥에 갇혔습니다. 옥중에서 바울이 빌립보 교회 교인들에게 보낸 편지에서 아주 특별한 확신을 담았습니다. 하나는, '지금 내가 겪고 있는 모든 형편과 처지 그리고 사람들이 볼 때 참 딱하게 되었다고 생각하는 나의 모든 모습들이 결과적으로 나에게 구원을 가져다줄 것'이라는 확신입니다.

바울은 지금 감옥에 갇혀 있습니다. 감옥에 갇힌 것만으로도 힘듭니다. 게다가 감옥 바깥에 있는 사람들은 온갖 못된 소리들을 하고 있습니다.

"봐라, 저것이 바울의 본 모습이다, 당국자들이 법을 알지 못하고 죄도 없는 사람을 함부로 감옥에 가두었겠느냐? 충분히 그럴 만하니까 체포했고 감옥에 가두었을 것이 아니겠느냐? 바울은 본래 그런 사람이다."

바울의 가슴이 얼마나 아팠겠습니까? 그러나 바울은 그렇지 않았습니다. "내가 감옥에 갇히고 내 적대자들이 뒤에서 나에 대한 온갖 못된 말을 하는 것들이 오히려 나의 구원의 근거가 될 것"이라고 말합니다.

여기서 말하는 구원이라는 헬라 말 '소테리아'는 가장 현실적인 면에 있어서의 구원을 말합니다. 병을 얻다가 건강하게 되는 것이라든지 불행한 상황에서 행복한 상황으로 바뀌는 것, 어려운 문제들이 풀리는 것을 가리키는 말입니다. 예를 들면 지금 바울에게는 감옥에서 나가는 것, 그것이 바울에게 있어서의 구원일 것입니다. 그러나 바울이 지금 확신하는 구원은 일반적으로 말하는 그런 의미의 구원이 아닙니다. 자기가 감옥에서 출소될 것을 말하는 것이 아니라 마지막 심판대에서의 구원을 말하고 있습니다. 내가 억울하게 감옥에 갇힌 것이나 내 뒤에서 수군대는 억울한 모든 말들은 나중에 내가 최후의 심판대 앞에 섰을 때 심판주께서 나를 판단하시는 중요한 증거가 될 것이라고 말합니다.

「마태복음」 25장에 그런 재판 이야기가 나옵니다. 최후의 심판대에 앞에 선 사람들에게 심판주인 임금이 "어떤 사람은 오른쪽에 가라, 또 어떤 사람은 왼쪽으로 가라"고 선고합니다. 그러면서 오른쪽에 있는 사람들에게 "여러분, 참 고맙습니다. 내가 여러분들을 위해서 준비한 모든 상속을 다 받으십시오. 내가 먹을 것이 없을 때 여러분들이 나에게 먹을 것을 가져다주었습니다. 내가 마실 것이 없어서 목말라할 때에 여러분들이 나에게 마실 것을 가져다주었습니다. 내가 나그네로 떠돌면서 어디 갈 바를 알지 못하고 여기저기 헤매고 다니면서 괴로워할 때 여러분들이 나를 영접해주었습니다. 내가 옷이 없어서 헐벗을 때 여러분들이 나에게 입을 옷을 주었습니다. 내가 병들어서 나를 수발할 사람이 아무도 없을 때 여러분들이 나의 병수발을 해주었습니다. 내가 감옥에 갇혔을 때에 여러분들이 감옥까지 찾아와서 먹을 것을 가져다주었고 나를 위로해주었습니다. 고맙습니다"라고 임금이 말하자, 오른쪽에 있던 사람들이 "언제 우리가 그렇게 했습니까? 우리는 그런 적이 없습니다"라고 말합니다.

그러자 심판주인 임금이 "여러분 눈에 보잘것없는 사람에게 한 행동이 바로 나에게 한 것입니다. 여러분들이 그때 베풀어주셨기 때문에 여러분은 오른쪽에 오게 된 것이고 내가 준비한 모든 것을 상속받게 될 것입니다"라고 말합니다.

지금 바울이 그것을 말하고 있습니다. 바울은 억울합니다. 감옥에 가는 것도 억울한데 그보다 더 마음 아픈 것은 사람들이 뒤에서 못된 말을 하는 것입니다. 그것은 정말로 사람을 죽이는 일입니다. 죽은 사람을 몇 번 죽이는 일입니다. 그럼에도 불구하고 바울은 "그런 것은 나에게 아무것도 아니다, 그런 것 때문에 나는 하나님께 더 큰 상을 받을 것!"이라고 말하고 있습니다.

이것으로부터 다시 확인할 수 있는 것은 바울은 모든 것을 항상 종말론적 관점으로 생각한다는 사실입니다. 지금 잠깐 지나가는 인생에 큰 비중을 두지 않습니다. 거기에 무게를 두지 않습니다. 바울의 눈은 현재를 보면서 또 한편으로는 마지막 날의 그때를 보고 있습니다. 바울은 '지금 내가 억울하게 당하고 있고 억울한 소리를 듣고 있어서 정말로 가슴이 찢어질 것 같은 심정이지만, 결국에는 하나님께서 모든 것을 명명백백하게 밝혀주실 것'이라고 확신하고 있습니다. '내가 감옥에 갇힌 것, 몸도 힘든 것, 또 그렇게 충성한 자기를 못되게 비방하는 것까지도 하나님께서 알고 계신다'라고 믿고 있습니다.

사람들이 바울에 대한 온갖 악한 말을 듣게 되면 자연스레 바울에 대해서 긴가민가하게 됩니다. 바울이 실은 지금까지 자기네들이 알고 있던 그 바울이 아니라, 이 사람들이 바울에 대해 말하는 그것이 바울의 진실일지 모른다, 우리가 지금까지 바울에게 속고 살았을지도 모른다고 생각할 수 있습니다. 그것을 생각하면 바울의 가슴이 너무 아픕니다. 그러나 바울은 "이런 것들 때문에 나는 하나님으로부터 상을 받게 될 것이다, 칭찬받게 될 것이다, 하나님께서 나를 심판하실 때 하나님으로부터 위로를 받을 것이다, 하나님께서 특별하게 내 손을 잡아줄 것"이라는 말씀을 하고 있습니다.

3

「시편」 138편은 이 땅에 살아가는 우리에게 억울한 일이 있을 때, 정말로 힘들고 고통스러운 일이 있을 때 하나님께서 무엇을 하고 계시는지 다윗의 입을 통해서 말씀하십니다.

"여호와께서는 높이 계셔도 낮은 자를 굽어 살피시며 멀리서도 교만한 자를 아심이니이다 내가 환난 중에 다닐지라도 주께서 나를 살아나게 하시고 주의 손을 펴사 내 원수들의 분노를 막으시며 주의 오른손이 나를 구원하시리이다." (시 138:6~7)

하나님께서 다 보상해주실 것이라고 확신하고 있습니다. 하나님에 대한 다윗의 고백은 139편에도 이어지고 있습니다.

"여호와여 주께서 나를 살펴보셨으므로 나를 아시나이다." (시 139:1)

내가 악한지, 나쁜 사람인지 억울한 일을 당하는지 아니면 당할 일을 당했는지 주께서 다 아신다는 말입니다. 이어지는 말씀에서 고백하고 있습니다.

"주께서 내가 앉고 일어섬을 아시고 멀리서도 나의 생각을 밝히 아시오며 나의 모든 길과 내가 눕는 것을 살펴보셨으므로 나의 모든 행위를 익히 아시오니 여호와여 내 혀의 말을 알지 못하시는 것이 하나도 없으시니이다."(시 139:2~4)

하나님께서 다 보고 계시고 다 아시기 때문에 지금은 내가 억울한 일을 당하고 속상한 일이 있어도 나중에는 다 밝혀주실 것이라는 확신을 하고 있습니다.

바로 이것입니다. 확신이 있기 때문에 참된 믿음을 가진 사람들은 혹 억울한 일이 있거나 어렵고 힘든 일이 있어도 주눅 들지 않습니다. 항상 당당할 수 있습니다. 어렵고 힘든 일은 잠시일 뿐 곧 끝날 것이라고 큰소리칠 수 있습니다.

4

바울은 또 다른 확신을 가지고 있습니다. 그것은 자기가 살아 있는 것이 교회와 교인들에게 더 좋고 유익할 것이라는 확신입니다.「빌립보서」1장 24절에서 바울은 말합니다.

"내가 육신으로 있는 것이 너희를 위하여 더 유익하리라"

이 말씀을 아주 객관적으로 보도록 합시다. 어떻게 보면 상당히 교만한 말입니다. 어떻게 자기가 그런 사람이라고 확신할 수 있습니까? 교만을 넘어서 위험하기까지 합니다.

내 생각은 틀림없이 옳다는 말이 얼마나 많은 분쟁을 일으키는지 아십니까? 가정에 불화를 불러오고, 사회에 다툼을 야기시키고, 나라에 분쟁을 일으킵니다. 또 세계에 다툼을 일으킵니다. 교회에도 마찬가지입니다. 특별히 신앙적인 확신은 아주 위험합니다. '하나님은 절대 나를 옳다고 생각하신다, 하나님은 틀림없이 내 편을 들어주신다'라고 생각하게 되면 신자들 간에 갈등이 생기고 분쟁이 생기고 심지어는 십자군 전쟁 같은 엄청난 일까지 벌어지게 됩니다. 전 세계에 종교 전쟁이 얼마나 자주 일어납니까? 최근 일어나는 테러들도 거의 다 종교적인 문제이지 않습니까? 얼마 전에 북한의 의사들이 세 명이나 아주 비참하게 죽임을 당했습니다. 소위 종교인들이 그렇게 악한 일을 저질렀다는 사실을 보도를 통해서 볼 수 있습니다.

자기의 의견이 절대로 옳다고 생각하니까 당연히 다른 사람의 의견은 틀리다고 생각합니다. 나와 의견이 다르면 무언가 잘못된 사람이고 단단히 잘못 알고 있다고 확신합니다. 종교적인 확신을 가진 사람들에게는 절대로 양보가 없습니다. '하나님이 나를 인정해주시기 때문에, 나의 신이 이렇게 말씀하시기 때문에 이것만은 죽어도 양보할 수 없다'라고 생각합니다. 종교적인 갈등으로 인하여 일어나는 종교 전쟁이 국경 분쟁 때문에 일어나는 전쟁보다도 더 자주 벌어진 것은 역사가 증언합니다.

맹신에 가까운 확신은 확신이 아닙니다. 확신이 무엇입니까? 확실한 믿음입니다. 이것은 믿음이 아닙니다. 교만입니다. 교만을 넘어서 무지이고 무식입니다. 잘 알지 못해서 이런 확신을 하게 됩니다. 인간은 어떤 사람이든 간에 이런 확신을 할 만한 사람이 없습니다. 인간은 그런 존재가 되지 못합니다. 잘하다가도 얼마든지 틀릴 수 있고 더 많이 잘못할 수 있는 것이 인간입니다. 내 생각은 절대 옳다고 말할 수 있는 사람은 없습니다.

그러나 바울의 확신은 차원이 전혀 다릅니다. 바울은 자신이 사는 것보다 죽는 것이 훨씬 더 좋겠다고 생각했습니다. 그것이 정말로 자신의 소원이라고 생각했습니다.

"내가 그 둘 사이에 끼었으니 차라리 세상을 떠나서 그리스도와 함께 있는 것이 훨씬 더 좋은 일이라 그렇게 하고 싶으나."(빌 1:23)

얼마나 힘들고 고통스러우면 죽고 싶다는 말을 했겠습니까? 또 감옥에서 바깥의 사람들에게 이런 소리를 하게 되면 사람이 왜소하게 보이기도 하고 못나게 보이기도 합니다.

바울은 너무 힘들었습니다. 또 한편으로 바울에게는 천국에서 주님과 함께 있는 것이 그 어떤 것보다 더 좋다는 생각이 확실했습니다.

그러나 바울은 "나의 바람과는 관계없이 나는 어떤 것도 괜찮다"라고 말합니다. 바울이 이 말을 하는 까닭은 사람이 살고 죽는 것은 자기가 결정하는 것이 아님을 너무나 잘 알고 있기 때문입니다.

우리도 이것을 잘 알아야 합니다. 연세 드신 분들 가운데 "빨리 죽고 싶다"라고 말하는 사람들이 있는데 이것은 하나님 앞에 크게 잘못하는 것입니다. 지나가는 말로도 그런 소리를 하면 안 됩니다. 생사 문제는 전적으로 하나님께서만 할 수 있는 일이기 때문입니다. 무엇이든지 하나님께서 하시는 일

은 옳다고 말해야 합니다. 바울은 이것을 알기 때문에 그렇게 말하고 있습니다.

5

바울은 또 "내가 사는 것이 좋은지 죽는 것이 좋은지 잘 모르겠지만 아주 분명한 것은, 지금 내가 비록 감옥 안에 있지만 살아 있다는 사실이다, 이것 하나만은 분명하다"라고 말합니다. 여기서 바울의 뛰어난 논리가 전개됩니다. "내가 지금 살고 있는 것은 하나님께서 나를 살려주셨기 때문이다, 하나님께서 나를 살려두신 까닭은 아직은 내 쓸모가 남아 있기 때문이다." 즉 자기가 살아 있는 것에는 하나님 뜻이 있기 때문이라는 말입니다. 바울은 "내가 그렇게 뛰어난 사람이기 때문에 유익하다고 말하는 자기 확신이 아니라, 내가 아직 살아 있는 것은 하나님께서 나를 살려두는 것이 더 유익하다고 판단하셨기 때문이라는 것"입니다. "그렇지 않으면 하나님께서 나를 살려두실 리가 없다!"라고 말하고 있습니다.

얼마나 뛰어난 논리입니까? 얼마나 좋은 믿음입니까? 이런 믿음으로 살아가는 사람은 인생이 편합니다.

바울에 대한 말씀이 나오기만 하면
또다시 생각나는 분이 계십니다. 저는
교회를 개척할 때 너무 힘들었습니다.
도와주기로 했던 사람들도, 도움을 약속
한 곳에서도 다 못하겠다고 했습니다. 너무
나 힘들고 고통스러운 그때에 연세가 아주 많이 드신 노(老) 권
사님 한 분을 만나 차를 마시면서 이런저런 이야기를 나누게
되었습니다. 그러다 할머니 권사님이 마지막에 젊은 저에게
"목사님, 하나님이 저를 아직까지 살려두신 것은 아직 제가
할 일이 있기 때문입니다"라고 말씀하셨습니다. 그 권사님께
서 하신 말씀이 저에게 오랫동안 기억에 남습니다.

바울이 그랬습니다. "내가 아직 유익한 사람이기 때문에 하
나님이 살려두신 것이다, 무익하다면 데려가셨을 것이다, 따
라서 내가 아무리 힘들다고 할지라도 그것은 전부 다 하나님
뜻"이라고 생각했습니다.

여기에 바울의 또 다른 확신이 있습니다.

"세상의 모든 일은 하나님께서 결정하신다는 것이고 하나
님께서 나에 대해서 결정하신 모든 일들은 다 나에게 좋은
것"이고, "내가 아무리 죽을 것 같고, 아무리 겪고 싶지 않은
억울한 일을 당한다 하더라도 하나님께서 하시는 일이라면
그것은 다 좋은 일"이며, "나에 대해서 정말로 못된 말을 하는
악한 사람들의 말을 들을 때마다 내 가슴이 터질 것 같고 찢

어지는 것 같지만 그것도 다 하나님께서 하신 것이다, 그리고 결국은 그것이 나에게 좋은 일이 될 것"이라는 확신이 있었습니다.

요셉이 그러했습니다. 형들이 열일곱 살 때 자기를 이집트에 노예로 팔았을 때 얼마나 고통스러웠겠습니까? 나중에 세월이 지나 요셉은 이집트 총리가 되어 형들을 만났습니다. 형들에게 자기가 요셉이라고 밝히면서 무슨 말을 했습니까? 「창세기」 45장에 여기에 대한 기록이 있습니다.

"요셉이 형들에게 이르되 내게로 가까이 오소서 그들이 가까이 가니 이르되 나는 당신들의 아우 요셉이니 당신들이 애굽에 판 자라 당신들이 나를 이곳에 팔았다고 해서 근심하지 마소서 한탄하지 마소서."(창 45:4~5)

그러면서 요셉은, "하나님이 생명을 구원하시려고 나를 당신들보다 먼저 보내셨나이다"(창 45:5)라고 말합니다.

"형님들은 나를 팔았지만 그것은 형님들이 나를 판 것이 아니라 하나님께서 나를 보내신 것입니다. 형님들은 나를 노예로 판 일 때문에 겁이 많이 나겠지만 만약 형님들이 나를 팔지 않았다면 내가 어떻게 이집트 총리가 되었겠습니까?"라고 합니다.

"하나님이 나를 이집트 총리로 만들기 위해서, 세상의 배고픈 수많은 사람들을 구하기 위해서, 이집트 사람들뿐만 아니라 이스라엘의 수많은 사람들을 살리기 위해서 하나님께서 형님들 손을 통해서 나를 이집트로 보내신 것!"이라고 말한 것입니다.

"하나님의 위대한 것을 이루기 위해서 하나님께서 그렇게 하셨습니다. 그것이 나에게 좋은 것이기 때문에 형님들 손을 빌려서 하나님께서 하셨다"라는 말입니다.

다윗에게도 비슷한 일이 있었습니다. 다윗의 아들 압살롬이 반란을 일으켰습니다. 다윗은 압살롬을 피해서 피난을 갔습니다. 다윗이 피난 가는 까닭은 꼭 약해서가 아닙니다. 아버지와 아들이 전쟁을 일으키게 되면 세상 사람들이 뭐라 하겠습니까? 또 전쟁을 하게 되면 얼마나 많은 젊은이들이 죽겠습니까? 나라가 얼마나 무서운 소용돌이 속으로 빠지게 되겠습니까? 그래서 다윗이 피했습니다.

다윗이 피난 가고 있는 그때, 못된 사람 하나가 다윗에게 온갖 악한 말을 다 합니다. 시므이라는 사람입니다. 다윗이 피난 가는 길을 따라다니면서 계속해서 저주합니다. 여기에 대한 성경의 기록입니다.

"피를 흘린 자여 사악한 자여 가거라 가거라 사울의 족속의 모든 피를 여호와께서 네게로 돌리셨도다 그를 이어서 네가 왕이 되었으니 여호와께서 나라를 네 아들 압

살롬의 손에 넘기셨도다 보라 너는 피를 흘린 자이므로
화를 자초하였느니라."(삼하 16:7~8)

시므이는 다윗을 따라다니면서 계속해서 말했습니다. 그때
다윗의 옆에 있던 장군이 "이 죽은 개가 어찌 내 주 왕을 저
주하리이까 청하건대 내가 건너가서 그의 머리를 베게 하소
서"(9절)라고 말합니다.

그때 다윗이 한 말은 너무나 중요합니다.

"그가 저주하는 것은 여호와께서 그에게 다윗을 저주하
라 하심이니 네가 어찌 그리하였느냐 할 자가 누구겠느
냐."(삼하 16:10)

"저 사람이 나를 저주하는 것은 하나님께서 나를 저주하라
고 말씀하셨기 때문"이라는 말입니다.

11절에서도 "여호와께서 그에게 명령하신 것이니 그에게
저주하게 버려두라"라고 합니다.

그러나 이것으로 끝난 것은 아닙니다.

"혹시 여호와께서 나의 원통함을 감찰하시리니 오늘 그
저주 때문에 여호와께서 선으로 내게 갚아주시리라."(삼하
16:12)

"하나님께서 이렇게 하신 것이다. 그리고 하나님께서 그렇게 하셨다면 반드시 모든 것을 다 바로잡아주실 것"이라고 확신하고 있습니다.

이것을 가리켜서 하나님 절대주권의 믿음이라고 말합니다. 일이 안 풀리고 억울하게 되는 이것까지도 전부 다 하나님께서 하신 것이라는 믿음입니다.

6

다시 바울 이야기로 돌아옵니다. 당시 바울은 죽고 싶었습니다. 차라리 죽는 것이 훨씬 더 좋다고 생각했습니다. 그러나 자기가 살아 있는 것은 하나님께서 의도하신 것이고, 아직은 자기가 쓸모가 있기 때문이라고 말하고 있습니다. 그리고 결국 나에게도 좋은 일이라는 확신을 하고 있습니다.

혹시 여러분들 가운데 모든 노력에도 불구하고 인생이 너무 힘드신 분이 계십니까? 모든 노력을 하고 기도하고 하나님께 매달려도 안 풀리는 일들이 계속 이어지고, 정말로 마음에 안 드는 상황들이 계속될 경우에는 꼭 아십시오. 그것은 하나님께서 하신 일입니다. '여러 가지 의미에서' 그것이 바른 일이고 결국은 여러분에게 더 좋은 일이기 때문에 하나님께서 그렇게 하신 것입니다. 이것을 믿으십시오.

확신을 하려면 이런 확신을 하십시오. 참된 확신은 평화를 주고 여러분들에게 행복을 안겨줍니다. 여러분과 주변에 있는 사람들, 가족까지 함께 행복하게 만듭니다.

착각인가, 사실인가

요셉은 무성한 가지 곧 샘 곁의 무성한 가지라 그 가지가 담을 넘었도다

활쏘는 자가 그를 학대하며 적개심을 가지고 그를 쏘았으나 요셉의 활은 도리어 굳세며 그의 팔은 힘이 있으니

이는 야곱의 전능자 이스라엘의 반석인 목자의 손을 힘입음이라

네 아버지의 하나님께로 말미암나니 그가 너를 도우실 것이요 전능자로 말미암나니 그가 네게 복을 주실 것이라

위로 하늘의 복과 아래로 깊은 샘의 복과 젖먹이는 복과 태의 복이리로다

네 아버지의 축복이 내 선조의 축복보다 나아서 영원한 산이 한 없음 같이 이 축복이 요셉의 머리로 돌아오며 그 형제 중 뛰어난 자의 정수리로 돌아오리로다

「창세기」 49:22~26

1

마르시아라는 이름을 가진 여자아이가 있었습니다. 마르시아에게는 정신지체 장애가 있었습니다. 다른 친구들이 반 시간 걸려서 숙제를 한다면 마르시아는 같은 숙제를 하면서 한 시간이 걸렸습니다.

마르시아 부모는 선생님으로부터 마르시아가 도리 없이 열등생 반에 들어가게 되었다는 가슴 아픈 소리를 듣게 됩니다. 충격이었습니다. 그러나 마르시아의 부모는 실망하지 않았습니다. 마르시아가 열심히 노력하고 있는 것을 알았기 때문입니다. 또 마르시아에게 장점이 있다는 것도 알고 있었기 때문입니다. 무엇보다도 마르시아의 부모는 하나님께서 마르시아를 사랑하시는 것을 믿었습니다.

마르시아의 부모는 딸에 대해서 조급해하지 않았습니다. 늘 믿어주었습니다. 칭찬을 아끼지 않았고 늘 격려했습니다. 또 마르시아에게 남다른 재능이 무엇인지 세심하게 관심을 가졌습니다.

마르시아가 교회에서 어린아이들을 가르치겠다고 합니다. 마르시아의 부모는 있는 힘을 다해서 마르시아가 교회 학교에서 아이들을 잘 가르칠 수 있도록 도와주었습니다.

어느 주일, 교회 학교가 끝나고 난 뒤 마르시아는 부모에게 자기는 나중에 학교 선생님이 되기를 원한다고 말했습니다. 마르시아의 성적으로는 전혀 가당치 않은 일이었습니다. 그러나 마르시아의 부모는 성적 따위는 전혀 개의치 않고 하나님을 믿었습니다. 그리고 믿음을 바탕으로 네가 원하면 언젠가는 학교 선생님이 될 것이라고 격려했습니다. 마르시아 부모의 말은 지진아인 마르시아에게 큰 힘이 되었습니다. 그리고 축복이 되었습니다. 또 미래에 대한 예언이 되었습니다.

마르시아는 학교생활을 더욱 열심히 했습니다. 다른 아이들보다 더 많은 노력을 했고 마르시아의 부모는 마르시아가 중학교, 고등학교에서 특별한 공부를 할 수 있도록 도와주었습니다.

결국 마르시아는 힘들게 대학에 입학했습니다. 당연하게 마르시아에게 대학생활은 쉽지 않았습니다. 마침내 4년 과정의 대학을, 그러나 6년 만에 졸업했습니다. 졸업할 때 마르시아는 교사자격증을 취득했습니다.

놀라운 일은, 졸업한 이후 마르시아 친구들은 직업을 찾아서 여기저기 동분서주 바쁘게 쫓아다녔지만 마르시아는 그때 이미 직업을 가졌습니다. 어느 좋은 학교의 교장선생님이 마르시아를 알아보고 마르시아가 졸업하자마자 자기 학교에 교사로 와달라고 한참 전에 요청했기 때문입니다.

마르시아의 학교생활기록부에는 여전히 정신지체 장애아

로 기록되어 있지만 마르시아의 부모는 하나님과 딸을 믿었고, 그 믿음대로 딸을 격려했고 축복했습니다. 그리고 부모의 축복과 격려는 말 그대로 마르시아의 현실로 이루어졌습니다.

2

야곱의 가족들이 살고 있는 가나안에 흉년이 들었습니다. 가나안에 곡식이 다 떨어졌습니다. 야곱이 이집트에 곡식을 구하러 자식들을 보냈는데, 이집트에서 천만 뜻밖에 죽은 줄로만 알고 있었던 요셉을 찾게 됩니다. 요셉은 당시 세계 최강국 이집트에서 일인지하 만인지상의 총리가 되어 있었습니다. 요셉은 극심한 기근으로 허덕이는 집안 식구들을 이집트로 초청합니다. 이렇게 해서 야곱의 식구들은 모두 이집트로 이민을 가게 되었습니다.

야곱이 이집트로 이민 간 지 17년이 되었습니다. 이제 죽을 날이 가까워 왔습니다. 야곱은 자기가 죽을 때를 알고 자식들을 다 불러 모아 마지막으로 축복을 했습니다. 첫 번째인 맏이 르우벤부터 시작해서 열두 아들을 차례대로 하나하나 축복합니다. 오늘 이야기할 말씀은 요셉을 위한 야곱의 축복입니다.

먼저 "요셉은 무성한 가지 곧 샘 곁의 무성한 가지라 그 가지가 담을 넘었도다"(창 49:22)라고 축복했습니다. 무성한 가지라고 말하면서 그 무성함이 어느 정도인가에 대해서 "샘 곁의 무성한 가지"라고 말합니다. 샘에는 늘 물이 있고 물기가 옆으로 새어져 나갑니다. 그 샘의 물기가 요셉의 나뭇가지에 항상 물을 공급하기 때문에 요셉의 나뭇가지는 무성할 수밖에 없습니다.

어떤 사람이 큰 집을 짓고 대문 양쪽에 똑같은 나무, 동일한 크기, 같은 종류의 나무를 심었습니다. 이상하게도 세월이 지나면서 한쪽의 나무는 보통의 나무들처럼 자라는데, 다른쪽 나무는 옆쪽의 나무보다 몇 배나 무성하게 잘 자랐습니다. 그 광경을 보면서 주인은 늘 이상하게 생각했습니다.

세월이 많이 흘러 궁금함을 이기지 못한 주인이 드디어 땅을 팠습니다. 땅을 파보니 무성한 나무 곁에는 수도관이 지나가는데 수도관에 금이 갔는지 물이 아주 조금씩 새고 있었습니다. 조금씩 새는 그 물이 나무에 흘러들어가 그 나무를 그렇게 무성하게 잘 자라게 한 것입니다.

요셉의 나무가 무성하게 잘 자랄 것이라는 야곱의 축복의 말입니다.

"너무 잘 자라서 요셉의 집 담을 넘었다, 요셉이라는 나무의 열매가 하도 많고 하도 좋아서 요셉뿐만 아니라 이웃의 많은 사람들이 넉넉하게 나누어 먹을 정도"라고 아버지 야곱이 요셉을 축복했습니다.

이어지는 "활 쏘는 자가 그를 학대하며 적개심을 가지고 그를 쏘았으나 요셉의 활은 도리어 굳세며 그의 팔은 힘이 있으니 이는 야곱의 전능자 이스라엘의 반석인 목자의 손을 힘입음이라"라는 23절, 24절의 내용도 22절에 못지않습니다.

"사람들이 요셉을 미워해서 요셉에게 활을 쏘았지만 그 사람들이 쏜 화살은 하나도 요셉에게 미치지도 못했다, 그러나 요셉이 쏘는 화살은 다 백발백중 명중했다, 요셉이 쏘는 화살을 맞고서는 견딜 자가 아무도 없다, 누구든지 요셉에 대항하는 자마다 요셉이 쏘는 화살에 다 넘어질 수밖에 없다"라는 축복입니다.

야곱은 이렇게 요셉을 축복하면서 요셉이 받는 모든 복은 하나님으로부터 온다고 아주 분명하게 말했습니다.

"요셉의 활은 도리어 굳세며 그의 팔은 힘이 있으니 이는 야곱의 전능자 이스라엘의 반석인 목자의 손을 힘입음이라"(24절)라고 말하고, 25절에도 "네 아버지의 하나님께로 말미암나니 그가 너를 도우실 것이요 전능자로 말미암나니 그가 네게 복을 주실 것이라 위로 하늘의 복과 아래로 깊은 샘의 복과 젖먹이는 복과 태의 복이리로다"라고 말합니다. 하나님으로부터 나온다는 것으로 너무도 당연한 말씀입니다.

모든 복은 다 하나님으로부터 옵니다. 아무리 대단한 사람이라도 하나님께서 복을 주지 않으시면 아무것도 아닙니다. 왜냐하면 대단하다는 것은 사람들 눈으로 보기에 대단한 것이지 하나님 눈에는 다 똑같기 때문입니다. 사람들 사이에서 더 낫다, 더 대단하다고 하지만 하나님 앞에 서면 아무것도 아닙니다. 이것을 잘 아셔야 합니다. 아무리 훌륭한 사람처럼 보인다고 할지라도 하나님께서 복을 주지 않으시면 아무것도 아닙니다. 반대로 아무리 별 볼일 없는 사람이라도 하나님께서 복을 주시면 그는 정말로 위대한 사람이 될 수 있고 정말로 놀라운 일을 할 수 있습니다.

여호수아가 그러했습니다. 모세가 가나안 입구까지 이스라엘 백성들을 잘 인도했습니다. 40년간이나 훌륭하게 인도했던 모세가 죽고 나서, 모세의 자리를 여호수아가 이어받았습니다. 예상했던 일입니다. 그러나 이스라엘 백성들을 인도하는 일은 너무도 어려운 일입니다. 이스라엘 백성들은 400년 가까이 이집트에서 노예살이를 했습니다. 노예근성이 가득 배어 있는 사람들입니다. 원망을 잘하고 불만이 가득하고 불평투성이에 말이 많으며 뒤에서 칼을 꽂으며 배신하는 일들을 여반장으로 하는 사람들이 많은 민족이었습니다. 그 수가 자그마치 250만 명 또는 300만 명 정도 됩니다. 참으로 쉬운 일이 아니었습니다. 그동안 이스라엘 백성들을 인도하는 모세의 모습을 지켜봤기 때문에 여호수아도 잘 파악하고 있었습니다. 쉽지 않은 이스라엘 백성들을 자신이 어떻게 이끌고 갈 것인지 걱정이 많았고 과연 본인이 감당할 수 있을지 두려움도 많았습니다.

하나님께서 이런 여호수아에게 "너희들이 발로 밟는 것은 전부 다 내가 너희들에게 주겠다!"라고 말씀하십니다. "다 너희들의 영토가 될 것이다, 너의 평생에 너를 능히 대적할 자가 없을 것"이라고 말씀하십니다. 대단한 약속입니다. 하나님께서 이 대단한 약속, 축복을 하시면서 "내가 모세와 함께 있었던 것같이 너와 함께 있을 것이다, 내가 너를 떠나지 아니하며 버리지 않을 것"이라는 근거를 대셨습니다.

"모세가 너의 눈에는 대단하게 보였지만 내 눈에는 아무것도 아니었다, 내가 함께 있었기 때문에 그런 위대한 일을 할 수 있었다, 마찬가지로 내가 너와 함께하기만 하면 너도 모세만큼, 어쩌면 모세보다 더 위대한 일을 할 수가 있을 것"이라는 말씀을 하신 것입니다.

과연 여호수아는 하나님께서 축복하신 것처럼, 약속하신 것처럼 가나안 땅을 정복한 사람이 되었고 성경 전체에서 가장 형통한 사람이 되었습니다. 하나님께서 여호수아와 함께하셨기 때문에 가능했습니다.

3

야곱은, "요셉이 대단한 사람이 될 것"이라고 축복하면서 그 근거를 하나님께서 여호수아를 축복한 근거와 똑같은 말을 했습니다.

"하나님의 손을 힘입음이라."

하나님께로 말미암는다고 말합니다. 이것을 "이스라엘의 반석인 목자의 손을 힘입음이라"(24절)라고, 25절에서는 "네 아버지의 하나님께로 말미암나니"라고 말씀합니다.

그런데 이 축복을 하는 야곱의 말을 자세히 보면 조금 이상하고 야릇한 무엇이 있습니다. 어폐語弊가 있습니다. 24절에서 "이는 야곱의 전능자 이스라엘의 반석인 목자의 손을 힘입음이라"라고 말씀하는데 여기서 말하는 야곱이나 이스라엘은 같은 사람, 즉 자신입니다. 야곱이 "나의 목자의 손을 힘입음"이라고 말합니다. 왜 자기입니까? "요셉, 너의 하나님, 너의 목자의 손을 힘입음"이 정확한 말입니다. 25절에도 "네 아버지의 하나님께로 말미암나니"라고 말씀하는데 '네 아버지'가 누구입니까? 요셉의 아버지, 즉 야곱 자신입니다. 자기를 꼭 끼워 나의 하나님이라는 말을 하고 있습니다.

야곱이 이런 말을 할 자격이 있습니까? 어디를 보아도 야곱은 이런 말을 할 자격이 없습니다. 야곱은 태어날 때부터 하나님이 보시기에 예쁜 구석이라고는 별로 없었습니다. 하나도 없다고 말할 정도입니다. 어머니 태 속에 있을 때부터 형과 싸운 야곱이었고, 태어날 때에도 먼저 세상에 나오겠다고 형의 발꿈치를 잡은 야곱이었습니다. 태어나서도 형이 되고 싶어 온갖 재주를 다 부렸습니다. 형이 허기져서 지쳐 있을 때 팥죽 한 그릇을 가지고 와서 기어이 형의 자리를 빼앗았습니다. 아버지 이삭이 죽기 전에 장남에게 축복하겠다는 정보를 미리 알고 어머니와 공모까지 합니다. 형이 사냥 나간 사이, 아버지가 앞이 보이지 않는 것을 이용해서 형이 받을 축복을 가로채는 못된 짓을 했습니다.

동생에게 당하기만 했던 형 에서가 드디어 견디지 못하고 동생을 죽이려고 했습니다. 가정불화를 만들어낸 것입니다. 야곱이 그런 사람입니다. 이 사실을 안 어머니는 자식 둘 다 잃어버릴지 모른다는 걱정이 들었습니다. 형제 간의 칼부림을 막기 위해서 야곱을 자신의 오빠 집으로 피신시켰습니다. 야곱은 외삼촌 집으로 피난을 갔습니다. 이것만으로도 어머니 아버지 가슴을 얼마나 아프게 했겠습니까?

야곱은 외삼촌 집에 가는 길에 하나님을 만났습니다. 거기서 하나님께서 자기를 챙겨주시면, 하나님을 꼭 섬기겠다는 것과 하나님의 집을 세우고 반드시 십일조를 드리겠다는 약속을 했습니다. 다급히 도망갈 때는 하나님께 약속을 하고 맹세까지 한 야곱이 먹고살 만하니 자신의 약속을 새까맣게 잊어버렸습니다. 무려 20년 동안 잊어버렸습니다.

그러다 야곱에게 큰 어려움이 생겼습니다. 20년 동안 함께 살던 외삼촌과 외사촌들과 사이가 크게 나빠져 위기에 빠졌습니다. 위급해진 야곱에게 하나님께서 나타나십니다. "내가 너를 지켜주겠다, 나에게 맹세한 벧엘로 돌아가라"라고 말씀하셨습니다. 하나님의 도우심으로 겨우 위기에서 빠져나왔습니다.

그러다 살 만하니 또 하나님을 잊어버렸습니다. 거의 평생 이러했습니다.

야곱은 하나님께서 좋아하실 만한 일을 평생 한 번도 제대로 하지 않았습니다. 이런 야곱이 어떻게 "나의 하나님, 야곱의 하나님"이라고 말할 수 있습니까? 더구나 요셉이 어떤 사람입니까? 하나님으로부터 얼마나 사랑받는 요셉입니까? 이런 요셉 앞에서 "너의 하나님이 아니라 나의 하나님, 야곱의 하나님의 복"이라고 말하고 있습니다.

'네 아버지의 축복'이 내 선조의 축복보다 나아서 영원한 산이 한 없음 같이 이 축복이 요셉의 머리로 돌아오며 그 형제 중 뛰어난 자의 정수리로 돌아오리로다"라는 26절 말씀은 더 가관입니다. "나 야곱의 축복이 네 할아버지 이삭이나 증조할아버지 아브라함의 축복보다도 훨씬 능력이 있다"라는 말을 하고 있습니다. "네 할아버지, 증조할아버지인 이삭이나 아브라함의 축복보다 너의 아버지 나 야곱의 축복이 훨씬 더 능력이 있고 더 힘 있다, 그런 너의 아버지, 나 때문에 네가 그렇게 복을 받은 것이고 앞으로도 복을 받을 것"이라고 말합니다. 어떻게 감히 자기를 이삭과 아브라함에 비교할 수 있습니까?

4

이제 곰곰이 더 생각해보겠습니다. 지금 야곱이 정말 헛소

리하고 있고 자기 아들에게 거짓말하고 있는 것 같습니까?

얼른 보면 그런 것 같습니다. 완전히 착각 같습니다. 그러나 가만히 생각해보면 혹시라도 야곱의 생각과 말이 사실일지도 모른다는 생각이 듭니다. 아주 분명한 것은 적어도 야곱 자신만은 그것이 사실이라고 철석같이 믿고 있는 것이 틀림없습니다. 거짓말하는 것이 아닙니다. 야곱 스스로는 내가 비록 한평생 시원찮게 살았고 하나님께 잘한 것도 없는 데다 예쁨받을 구석이라고는 없지만, 하나님은 그런 나를 한 번도 미워하거나 싫어하신 적이 없고 너무도 사랑하시고 잘 챙겨주셨다고 생각하고 있습니다.

"아버지와 형에게 그렇게 나쁜 짓을 하고 외삼촌 집으로 도망갈 때에도 하나님께서 나를 찾아오셨다, 외삼촌 집에서 20년 동안이나 희희낙락하면서 하나님을 한 번도 찾지 않을 때에도 하나님은 나를 잊지 아니하시고 위기 때마다 나타나셔서 나에게 도움을 주시고 내 길을 안내해주셨다, 외삼촌과 외사촌들이 나를 치려 할 때에도 하나님께서 그들에게 나타나셔서 선악 간에 야곱에게 말하지 말라고 미리 손을 쓰셨다, 형 에서가 옛날의 원한을 잊지 못하고 군사 400명을 거느리고 살기등등하게 나를 찾아왔을 때 하나님께서 미리 형 에서의 마음을 부드럽게 누그러뜨려주셨다!" 야곱은 이렇게 알고 믿고 있었습니다.

또 "우리 하나님은 언제나 나를 잊지 않으시고 나를 먼저 찾으시고 챙겨주셨다, 나의 하나님은 그런 하나님이시다. 그런 하나님이 '내가 기도하면' 오죽 응답을 잘 하시겠는가?" 야곱에게 이런 믿음이 있었습니다.

믿음이란 이런 것입니다. 여러분이 다른 사람보다 무언가를 조금 잘했다는 것은 하나님 앞에 서면 아무것도 아닙니다. 비슷비슷합니다. 별 차이가 없습니다.

이스라엘 백성들은 계속해서 하나님 앞에 죄를 짓고 불순종했습니다. 그들 앞에 돌아온 것은 고난밖에 없었습니다. 이제 죽을 지경에 이릅니다. 이스라엘 백성들은 자기들의 잘못은 생각하지도 않고 그저 하나님을 원망한 채 한탄하고 낙심하고 절망에 빠졌습니다. 그러자 하나님께서 당신의 종을 이스라엘 백성들에게 보내셔서 말씀하셨습니다.

"이스라엘아, 어찌하여 하나님께서 우리를 돌보시지 않는다고 말하느냐? 어찌하여 하나님께서 우리 이스라엘의 기도는 듣지 않는다고 말하느냐?"

그것이 아니라는 말씀입니다. 지금 이스라엘 백성들은 자기네들이 순종하지 않고 죄를 지어서 하나님으로부터 벌을 받고 이제는 더 이상 가망이 없다고 생각하고 있습니다.

"야곱아 어찌하여 네가 말하며 이스라엘아 네가 이르기를 내 길은 여호와께 숨겨졌으며 내 송사는 내 하나님에게서 벗어난다 하느냐?"라는 「이사야」 40장의 말씀이 그것입니다.

하나님은 "그러나 절대로 낙심할 필요가 없다!"라고 말씀하십니다. 너희들이 잘하는 것은 없지만 나는 너희들의 아버지, 너희들의 하나님이기 때문에 절대로 그냥 내버려두지 않는다는 말씀을 하십니다.

"너는 알지 못하였느냐 듣지 못하였느냐 영원하신 하나님 여호와, 땅 끝까지 창조하신 이는 피곤하지 않으시며 곤비하지 않으시며 명철이 한이 없으시며 피곤한 자에게는 능력을 주시며 무능한 자에게는 힘을 더하시나니 소년이라도 피곤하며 곤비하며 장정이라도 넘어지며 쓰러지되 오직 여호와를 앙망하는 자는 새 힘을 얻으리니 독수리가 날개 치며 올라감 같을 것이요 달음박질하여도 곤비하지 아니하겠고 걸어가도 피곤하지 아니하리로다."(사 40:28~31)

또 "그러나 나의 종 이스라엘아 내가 택한 야곱아 나의 벗 아브라함의 자손아 내가 땅 끝에서부터 너를 붙들며 땅 모퉁이에서부터 너를 부르고 네게 이르기를 너는 나의 종이라 내가 너를 택하고 싫어하여 버리지 아니하였다 하였노라"(사 41:8~9)라고 말씀하십니다. 아무리 잘못해도 아버지는 자식을 이기지 못한다는 뜻입니다.

또 말씀하십니다.

"두려워하지 말라 내가 너와 함께 함이라 놀라지 말라 나는 네 하나님이 됨이라 내가 너를 굳세게 하리라 참으로 너를 도와주리라 참으로 나의 의로운 오른손으로 너를 붙들리라 보라 네게 노하던 자들이 수치와 욕을 당할 것이요 너와 다투는 자들이 아무것도 아닌 것 같이 될 것이며 멸망할 것이라 네가 찾아도 너와 싸우던 자들을 만나지 못할 것이요 너를 치는 자들은 아무것도 아닌 것 같고 허무한 것 같이 되리니 이는 나 여호와 너의 하나님이 네 오른손을 붙들고 네게 이르기를 두려워하지 말라 내가 너를 도우리라 할 것임이니라."(사 41:10~13)

이어지는 14절에서는 "버러지 같은 너 야곱아, 너희 이스라엘 사람들아 두려워하지 말라 나 여호와가 말하노니 내가 너를 도울 것이라 네 구속자는 이스라엘의 거룩한 이이니라"라고 말씀하십니다.

하나님께서 이스라엘을 어떻게 생각하고 계시는지 분명하게 말씀하십니다. "그럼에도 불구하고 나는 절대로 여러분들을 버리지 않는다!" 말씀하십니다.

하나님이 건넨 위로의 절정은 다음과 같은 말씀입니다.

"야곱아 너를 창조하신 여호와께서 지금 말씀하시느니라 이스라엘아 너를 지으신 이가 말씀하시느니라 너는 두려워하지 말라 내가 너를 구속하였고 내가 너를 지명하여 불렀나니 너는 내 것이라 네가 물 가운데로 지날 때에 내가 너와 함께 할 것이라 강을 건널 때에 물이 너를 침몰하지 못할 것이며 네가 불 가운데로 지날 때에 타지도 아니할 것이요 불꽃이 너를 사르지도 못하리니 대저 나는 여호와 네 하나님이요 이스라엘의 거룩한 이요 네 구원자임이라."(사 43:1~3)

하나님의 말씀 중 최고의 절정은 3절의 마지막 구절 "내가 애굽을 너의 속량물로, 구스와 스바를 너를 대신하여 주었노라"에 있습니다.

"네가 물에 빠지면 내가 물속에 너와 함께 뛰어 들어가겠다, 네가 불속에 갇히게 되면 내가 불속에도 뛰어 들어가 너와 함께 하겠다. 만약 네가 잘못해서 법 집행자에게 내어줄 일이 있다면 다른 사람들을 내어주지 내 백성 이스라엘을 내어줄 일은 절대로 없을 것이다!" 말씀하십니다.

5

하나님께서 이스라엘, 야곱에게 왜 이렇게까지 하실까요? 예뻐서 그랬을까요? 천만의 말씀입니다. 이스라엘은, 여러분들은 미우나 고우나 잘하나 잘못하나 하나님의 자식이기 때문입니다. 하나님의 백성이기 때문입니다. 그래서 하나님은 여러분들을 절대로 버리지 않으시고 끝까지 챙기십니다.

장례식 때 자주 부르는 찬송가 545장의 "나는 부족하여도 영접하실 터이니 영광나라 계신 임금 우리 구주 예수라" 이 구절이 참 좋습니다. "나는 천국에 들어갈 만한 자격도 없고 예쁨 받을 일을 한 것 하나도 없지만 그러나 하나님께서는 받아주실 것이다, 왜냐하면 천국의 주인, 천국의 임금님이 내가 믿고 있는 예수님이기 때문"이라는 고백입니다. 천국에 들어갈 만한 자격을 갖춘 것은 아니지만 그러나 나는 들어간다는 말입니다. 그 나라의 왕은 내가 주님으로 부르고 있는 예수님이기 때문이고, 내가 아버지라고 부르고 있는 하나님이기 때문이라고 고백하는 말입니다.

야곱이 지금 큰소리치는 것은, "나는 부족하지만 분명한 것은 하나님은 나를 지극하게 사랑하시고 내 기도를 들으시고 응답하시는 것을 나는 믿는다!"라는 말입니다. 그저 야곱의 착각이 아니라 사실입니다. 이것이 믿음입니다.

신자들에게 있어서 그 무엇보다 중요한 것은 '나의 믿음이 얼마나 굳센가? 나는 하나님을 얼마나 믿는가?'입니다. 여러분들의 권세와 능력은 그 믿음에 비례합니다. 여러분들이 하나님을 얼마나 신뢰하고 믿는가에 따라서 권세와 능력은 달라집니다.

야곱은 죽을 때가 되어서야 비로소 알았습니다. 내 비록 내 아버지 이삭, 내 할아버지 아브라함보다 못난 사람이지만 하나님을 향한 믿음만큼은 아버지보다 할아버지보다 더 자신 있다는 것 때문에 야곱은 그렇게 당당하게 큰소리칠 수가 있었습니다. 그리고 야곱의 축복은 그대로 이루어졌습니다.

여러분에게 한 번 묻겠습니다. 여러분은 정말 하나님을 믿습니까? 자신 있게 나는 확실하게 하나님의 자녀라고 말할 수 있습니까? 하나님은 나를 너무도 사랑하신다, 당신의 하나밖에 없는 외아들 예수님을 십자가에 못 박혀 죽게까지 하시면서 나를 사랑하신다는 것을 진정 여러분이 믿는다면, 여러분의 기도, 여러분의 딸 아들을 위해서 하는 모든 축복과 기도는 어떤 다른 사람의 것보다 더 권세가 있고 능력이 있을 것입니다.

모르드개의 하나님

그 날 밤에 왕이 잠이 오지 아니하므로 명령하여 역대 일기를 가져
다가 자기 앞에서 읽히더니 그 속에 기록하기를 문을 지키던 왕의
두 내시 빅다나와 데레스가 아하수에로 왕을 암살하려는 음모를
모르드개가 고발하였다 하였는지라

왕이 이르되 이 일에 대하여 무슨 존귀와 관작을 모르드개에게 베
풀었느냐 하니 측근 신하들이 대답하되 아무것도 베풀지 아니하였
나이다 하니라

왕이 이르되 누가 뜰에 있느냐 하매 마침 하만이 자기가 세운 나무
에 모르드개 달기를 왕께 구하고자 하여 왕궁 바깥뜰에 이른지라

측근 신하들이 아뢰되 하만이 뜰에 섰나이다 하니 왕이 이르되 들
어오게 하라 하니 하만이 들어오거늘

왕이 묻되 왕이 존귀하게 하기를 원하는 사람에게 어떻게 하여야
하겠느냐 하만이 심중에 이르되 왕이 존귀하게 하기를 원하시는
자는 나 외에 누구리요 하고 왕께 아뢰되 왕께서 사람을 존귀하게
하시려면 왕께서 입으시는 왕복과 왕께서 타시는 말과 머리에 쓰
시는 왕관을 가져다가 그 왕복과 말을 왕의 신하 중 가장 존귀한 자
의 손에 맡겨서 왕이 존귀하게 하시기를 원하시는 사람에게 옷을

입히고 말을 태워서 성 중 거리로 다니며 그 앞에서 반포하여 이르기를 왕이 존귀하게 하기를 원하시는 사람에게는 이같이 할 것이라 하게 하소서 하니라

이에 왕이 하만에게 이르되 너는 네 말대로 속히 왕복과 말을 가져다가 대궐 문에 앉은 유다 사람 모르드개에게 행하되 무릇 네가 말한 것에서 조금도 빠짐이 없이 하라

하만이 왕복과 말을 가져다가 모르드개에게 옷을 입히고 말을 태워 성 중 거리로 다니며 그 앞에서 반포하되 왕이 존귀하게 하시기를 원하시는 사람에게는 이같이 할 것이라 하니라

모르드개는 다시 대궐 문으로 돌아오고 하만은 번뇌하여 머리를 싸고 급히 집으로 돌아가서 자기가 당한 모든 일을 그의 아내 세레스와 모든 친구에게 말하매 그 중 지혜로운 자와 그의 아내 세레스가 이르되 모르드개가 과연 유다 사람의 후손이면 당신이 그 앞에서 굴욕을 당하기 시작하였으니 능히 그를 이기지 못하고 분명히 그 앞에 엎드러지리이다

아직 말이 그치지 아니하여서 왕의 내시들이 이르러 하만을 데리고 에스더가 베푼 잔치에 빨리 나아가니라

「에스더」 6:1〜14

1

바벨론을 무찌른 페르시아가 세계 패권을 차지했을 때의 일입니다. 페르시아 왕 아하수에로는 자기 말에 고분고분하지 않는다는 이유로 왕비를 폐위시켜버립니다. 새로운 왕비를 뽑기 위해 왕비 선발 대회를 열었습니다. 그 당시 페르시아에 이스라엘에서 포로로 끌려온 유대인 모르드개라는 사람이 있었습니다. 모르드개는 삼촌 내외가 돌아가신 후 사촌 여동생 에스더를 자기 딸같이 양육하고 있었습니다. 이 에스더가 페르시아 왕비 선발 대회에 후보자로 선정됩니다. 후보자들은 1년간 준비 후 최종 심사를 받게 되는데, 최종 심사 결과 에스더가 왕비로 결정되었습니다.

그러던 중 모르드개에게 우연한 일이 생겼습니다. 왕의 내시 두 사람의 왕 암살 계획을 알게 된 것입니다.

이 일은 우연하게 생긴 일입니다. 그러나 하나님 앞에 우연이라는 것은 없습니다. 다 필연입니다. 전부 다 하나님의 섭리 안에서 이루어집니다. 하나님의 계획 하에서 하나님께서 하신 일이지 우연이란 없습니다. 에스더가 왕비가 된 것도 그렇고 다른 모든 일들이 하나님의 섭리 가운데 있습니다.

모르드개는 내시들의 암살 음모 계획을 알고 왕후가 된 에스더를 통해서 왕에게 알렸습니다. 조사를 했더니 사실인 것으로 드러나게 되었고 암살자들은 색출되어 처단되었습니다. 이 사실이 페르시아 궁중일기에 기록됩니다. 그러나 그렇게 큰 공로를 세운 모르드개에게 아무런 상도 주어지지 않았습니다.

당사자로서는 상당히 섭섭할 일입니다. 그러나 이런 일이 생길 때 하나님의 사람들은 절대 섭섭해할 것이 아닙니다. 이런 일까지도 하나님의 섭리 안에서 이루어지기 때문입니다. 하나님께서는 당신이 세우신 계획을 이루어가기 위해서 때로는 사람들을 섭섭하게 하기도 합니다. 이럴 때마다 우리가 그저 할 말은 이 말입니다.

'주님의 뜻이 이루어지이다, 주님은 항상 선하십니다.'

2

그로부터 3~4년 후에 일어난 일입니다. 하만이라는 사람이 페르시아의 제2인자가 됩니다. 왕은 누구든지 하만 앞에서 무릎 꿇고 절하라는 명령을 내립니다. 그러나 모르드개는 자기는 하나님 이외에는 절하지 않는 유대인이라는 이유로 하만에게 절하는 것을 거부합니다.

하만은 분을 이기지 못합니다. 다른 사람들은 다 엎드려 절하는데 모르드개만은 절하지 않기 때문입니다. 하만은 모르드개를 죽이려고 작정합니다. 시간이 지날수록 점점 화가 더 치밀어오르는 하만은 모르드개 한 사람만 죽여서는 분이 풀릴 것 같지 않았습니다. 유대인을 전부 다 죽여 없앨 생각을 하게 됩니다. 왕을 찾아가서 왕의 말을 거역하는 사람들을 처형하는 것은 나라의 안위와 질서를 위해서 좋겠다고 말합니다. 왕이 듣고 보니 그럴듯했습니다. 하만의 말대로 하라고 허락합니다. 공고가 나갔습니다. 모월 모일, 페르시아 전국에 있는 모든 유대인들은 남녀노소를 막론하고 다 죽여도 좋다, 더불어 유대인들의 재산을 탈취해도 좋다는 문구까지 덧붙여졌습니다.

그 소식을 들은 모르드개는 상복喪服을 입고 대성통곡합니다. 왕후 에스더가 모르드개의 모습을 전해 듣고 사람을 보냈습니다. 모르드개는 그 모든 일의 자초지종과 함께, 에스더가 나서서 왕에게 부탁해서 우리 민족을 구원해야 한다는 전갈을 에스더에게 보냈습니다. 모르드개에게 전갈을 받은 에스더는 다시 모르드개에게 답합니다. 누구든지 왕의 부름이 있어야 왕 앞에 나갈 수 있다, 그것을 어기면 사형되는 것이 페르시아의 법이다, 그 말과 함께 자기는 왕에게 불려나가지 못한 지 이미 30일이 지났다고 합니다. 자기는 왕에게 그 일을 부탁할 처지가 아니라는 답입니다.

이 정도 되면 대부분의 사람들은 이제는 도리가 없다, 내가 할 만큼 다했다고 체념하거나 포기합니다. 그러나 모르드개는 포기하지 않았습니다. 물러서지 않았습니다.

물러서지 않았던 까닭이 모르드개에게 있었습니다. 첫 번째는 물론 유대 민족을 구원하는 것입니다. 그러나 그 못지않게 중요한 이유가 또 하나 있습니다. 그렇게 하는 것이 사랑하는 동생 에스더를 위하는 일이라는 확신이 있었기 때문입니다. 모르드개는 말합니다.

"이 때에 네가 만일 잠잠하여 말이 없으면 유다인은 다른 데로 말미암아 놓임과 구원을 얻으려니와 너와 네 아버지 집은 멸망하리라 네가 왕후의 자리를 얻은 것이 이 때를 위함이 아닌지 누가 알겠느냐."(에 4:14)

"하나님께서는 우리를 절대로 그냥 내버려두시지 않으신다, 반드시 살리실 것이다, 그러나 너는 멸망할 것"이라고 말합니다.

모르드개는, 에스더가 왕후가 된 것은 하나님께서 유대 민족을 보호하시기 위한 것임을 확실하게 알고 있었기 때문에 이런 말을 한 것입니다.

모르드개는 깊은 것을 알았습니다. 에스더가 나서서 민족을 구하는 것은 우선 민족을 위한 일이지만, 궁극적으로는 에스더 자신을 위한 것이라는 것을 알았습니다.

3

모르드개에게 확신이 하나 더 있었습니다. 에스더는 왕을 설득시키려고 할 필요가 없다, 그냥 왕에게 나아가기만 하면 된다는 확신입니다. 나머지는 하나님이 알아서 다 하신다는 것을 알았습니다.

여러분도 모르드개처럼 이런 것을 볼 수 있었으면 좋겠습니다. 보통 사람들이 알지 못하고 보지 못하는 눈을 가지고 있는 사람이 하나 있으면 그 가정이 편합니다. 그 가정의 자녀들이 잘 됩니다. 사업도 물론이고, 이런 사람이 나라의 일을 하면 나라가 잘 됩니다.

모르드개는 에스더가 그냥 나서기만 하면 된다는 눈을 가졌습니다.

모르드개의 권유에 에스더가 대답한 말이 그 유명한 "죽으면 죽으리이다"입니다. 이 말은 기독교의 위대한 명언이 되었습니다. 그러나 에스더가 한 것보다 더 위대한 말은 "이때에 네가 만일 잠잠하여 가만히 있고 나서지 않으면 우리는 구원을 얻고 하나님은 하나님 뜻을 이루신다. 대신 너는 멸망할 것이다. 왜냐하면 네가 가지고 있는 소유, 너의 모든 자리는 이것을 위해서 하나님께서 주셨기 때문이다"라는 모르드개의 말입니다. 이런 것을 볼 수 있는 사람이 필요합니다.

이틀 후, 에스더가 왕 앞에 나아갔습니다. 법을 어기고 나온 것입니다. 왕의 노여움을 살까 하는 걱정도 있었지만 천만다행히도 왕이 허락하였습니다.

그러나 그것은 천만다행이 아닙니다. 지극히 당연한 일입니다. 하나님이 하시는 일이기 때문입니다. 하나님이 하시면 기적을 평소의 일처럼 하실 수 있습니다. 천만다행이 아니라 아주 당연한 일로 하나님께서 그렇게 하셨습니다. 에스더가 하나님이 계획하시는 그 길로 나아갔기 때문에 하나님께서 하셨습니다.

왕은 에스더에게 "에스더여 그대의 소원이 무엇이냐 나라의 절반이라도 그대에게 주겠노라"(에 5:3)라고 말했고 에스더는 그 말에 "오늘 내가 왕을 위하여 잔치를 베풀었사오니 왕이 좋게 여기시거든 하만과 함께 오소서"(에 5:4)라고 부탁합니다. 왕은 흔쾌히 승낙합니다.

이 소식을 들은 하만은 기분이 좋았습니다. 왕의 특별한 파티에 유일하게 초대되었다는 것은 자기가 페르시아의 명실공히 제2인자로 자리매김한 것이기 때문입니다.

왕은 잔치 석상에서 에스더에게 말합니다.

"그대의 소청이 무엇이뇨 곧 허락하겠노라 그대의 요구가 무엇이뇨 나라의 절반이라 할지라도 시행하겠노라." (에 5:6)

에스더가 대답합니다.

"나의 소청, 나의 요구가 이러하니이다. 내가 만일 왕의 목전에서 은혜를 입었고 왕이 내 소청을 허락하시며 내 요구를 시행하시기를 좋게 여기시면 내가 왕과 하만을 위하여 베푸는 잔치에 또 오소서 내일은 왕의 말씀대로 하리이다." (에 5:7~8)

왕은 매우 기뻐했습니다. 하만은 더 좋았습니다. 두 번씩이나 자기 위치를 확인시켜주는 특별한 파티에 또 유일하게 초대받은 하만은 날아갈 듯했습니다.

때로는 악인이 더 잘 되는 것같이 보일 때가 있습니다. 그러나 아십시오, 악인이 기뻐하는 것, 악인이 잘 되는 것은 오래가지 않습니다. 오래가고 잘 되는 것 같지만, 절대로 오래가지 않습니다. 욥기에서 하나님께서 말씀하십니다.

"악인이 이긴다는 자랑도 잠시요 경건하지 못한 자의 즐거움도 잠깐이니라."(욥 20:5)

4

하만은 한껏 기고만장하여 하늘을 찌를 듯한 기분으로 집으로 돌아갑니다. 그러나 대궐 문을 나서면서 여전히 자기에게 엎드려 절하지 않는 모르드개를 만나게 됩니다. 하만은 화가 나서 견딜 수 없었습니다.

왕과 왕비가 자기를 인정해주고 또 초대를 해주니 얼마나 좋은 일입니까? 게다가 모르드개가 엎드려 절까지 해주면 얼마나 기뻤겠습니까? 이럴 때 악한 사람과 '잠시 악한 사람'이 확실하게 갈라집니다. 선한 사람은 좋은 일이 있으면 당연히 좋은 일을 만들어 갑니다. 잠시 어쩌다가 악한 일을 한 사람은 어쩌다 악한 일을 했지만, 좋은 일이 있으면 얼른 좋은 일로 돌아갑니다. 그러나 정말로 악한 사람은 좋은 일이 있어도 악한 일로 나가고, 악한 일이 있으면 더 악하게 나가게 됩니다.

나발을 보십시오. 대규모 목장을 하던 나발에게 다윗이 그 좋은 날에 좀 도와주시면 좋겠다고 사람을 보냅니다. 나발은 동냥 받으러 온 사람에게 동냥은 안 할지언정 못된 말로 '동냥 밥그릇'을 부숴버리는 것 같은 악한 말을 합니다. 그 일 때문에 나발의 온 집안은 다윗에게 몰살당할 뻔했습니다. 아내 아비가일 덕분에 집안의 몰살은 면하게 되었지만, 나발은 결국 몸이 굳어져서 죽고 말았습니다.

하만은 끝까지 악한 길을 선택했습니다. 집에 돌아와서 아내와 친구들을 불러 모아서 왕과 왕후가 자기를 '인정'했다고 실컷 자랑했습니다. 그 말과 함께 대궐문을 나서면서 모르드개를 만났다는 말을 꺼냅니다. 모르드개가 미워서 못살겠다고 토로합니다.

정말 바보 같은 인생입니다. 하만이 좋은 면만 생각했다면 얼마나 좋았겠습니까? 만약 이때 누구라도 하만을 제대로 도

외주는 사람이 있었다면 얼마나 좋았겠습니까? '그까짓 모르드개는 잊어버리시라, 아무것도 생각하지 말고 좋은 것만 생각하라'고 말하는 사람이 있었다면 얼마나 좋았겠습니까? 안타깝게도 하만의 아내, 하만의 친구 중 아무도 그런 도움을 주지 못했습니다. 오히려 기왕 죽이기로 작정했다면 내일 당장 죽이라고 말합니다. 구체적으로 마당에 장대를 높이 세우고 모르드개를 거기에 매달도록 왕에게 가서 허락을 받아오라고 권했습니다.

하만은 내일까지 기다리지 못하고 그날 밤 왕을 찾아갑니다. 참으로 안타까운 것은 사람들이 보통 선하고 귀한 일에는 느릿느릿 하고, 반대로 악한 일에는 무섭도록 빠르다는 사실입니다. 하나님의 종으로서 여러분들에게 말씀드립니다. 악한 일에는 늦으십시오. 늦은 사람이 되십시오. 선한 일에, 선한 말에 빠른 사람이 되십시오.

5

'바로 그날 밤', 왕은 잠을 이루지 못했습니다.

하나님은 필요하다면 사람으로 하여금 잠이 오지 않게 하십니다. 뭐든지 하십니다.

그 밤에 왕은 신하에게 궁중일기를 가지고 와서 읽으라고 합니다. 마침 읽은 부분이 옛날에 자기가 암살당할 뻔했던 그 사건에 대한 내용입니다. 신하에게, 그 사람에게 무슨 상을 베풀었는지 질문합니다. 왕은 그에게 아무것도 내리지 않았다는 말을 듣습니다.

다시 기억하십시다, 하나님의 사람에게는 어떤 일이 있어도 섭섭해할 것이 없습니다. 섭섭한 일까지 하나님께서 다 하시기 때문입니다. 까닭이 있어서, 이유가 있어서, 하나님이 계획한 일이 있어서 전부 다 하나님께서 하십니다. 이 하나님을 믿으십시오.

왕이 혹시 이 일을 의논할 만한 대신이 없는지 곰곰이 생각하고 있을 때, 마침 하만이 모르드개를 '장대'에 달기 위해 승낙을 받으러 왔습니다. 왕은 하만에게 "내가 존귀하게 하고 싶은 사람이 있는데 자네 생각에는 어떻게 했으면 좋을지"를 묻습니다. 하만은 그 사람이 당연히 자기라고 착각합니다. 하만은 왕에게 대답합니다.

"왕께서 입으시는 왕복과 왕께서 타시는 말과 머리에 쓰시는 왕관을 가져다가 그 왕복과 말을 왕의 신하 중 가

장 존귀한 자의 손에 맡겨서 왕이 존귀하게 하시기를 원
하시는 사람에게 옷을 입히고 말을 태워서 성 중 거리로
다니며 그 앞에서 반포하여 이르기를 왕이 존귀하게 하
기를 원하시는 사람에게는 이같이 할 것이라 하게 하소
서."(에 6:8~9)

왕께서 입으시는 옷, 왕께서 쓰시는 왕관, 왕께서 타시는
말에 태우시고 왕의 신하 중 가장 높은 사람을 마부로 하여
온 시내를 두루 모시고 다니면서 "이 사람은 왕이 가장 존귀
하게 생각하는 분이다!"라고 소리치게 하라고 말합니다.

하만의 말을 들은 왕은 무릎을 칩니다. "그 사람은 모르드
개이며 자네는 방금 말한 그 일을 그대로 하라"고 말합니다.
이 말을 들은 하만은 머리를 망치로 맞은 것 같았을 것입니
다. 자기가 죽이려던 모르드개가 왕이 가장 존귀하게 여기는
사람이라고 하다니……. 모르드개는 왕의 말에 타고 자기는
마부의 자리에 서게 되었습니다.

하만은 집으로 돌아가서 아내와 친구들에게 자초지종을 설
명했더니 이들은 말합니다.

"모르드개가 과연 유다 사람의 후손이면 당신이 그 앞에
서 굴욕을 당하기 시작하였으니 능히 그를 이기지 못하
고 분명히 그 앞에 엎드러지리이다."(에 6:13)

174

'이미 기울어지기 시작했으니 당신은 이제 끝났다'라는 말입니다.

참 '똑똑한 소리'입니다. "모르드개를 내일 당장 장대에 매달아 죽이라"고 했던 사람들이, 이제 와서는 "당신은 이제 끝났다"라고 말합니다.

이렇게 똑똑한 사람들이 그때는 무엇을 했습니까? 이것이 바로 어둠이 하는 일입니다. 사람들을 망하는 길로 끌고 갑니다. 끌려가는 사람은 그 길이 잘 되는 길, 흥하는 길인 줄로 압니다. 망하는 길인지 알지 못합니다. 그러다 한순간 더 이상 돌이킬 수 없는 지점에 이르렀을 때 어둠은 빨간 혀를 내밀면서 '속았지?'라고 합니다. 하만의 아내와 친구들이 한 짓이 꼭 그것입니다. 하만을 죽도록 만들어놓고 이제 와서는 "당신은 끝났다"라고 말합니다.

그렇다면 이런 말을 하는 사람들은 과연 무사할 것 같습니까? 그렇지 않습니다. 결국은 이 사람들도 하만과 마찬가지로 다 망하고 말았습니다. 유대인들을 해치려고 한 사람들이 모두 살해되었을 때 이 사람들도, 하만의 열 아들도 전부 다 몰살당하게 됩니다.

이 말이 채 끝나기 전에 왕궁에서 사람들이 나와서 하만을 데리고 갑니다. 첫 번째 잔치 때 하만의 발걸음은 하늘을 나는 듯했겠지만, 이번 발걸음은 마치 도살장에 끌려가는 듯했을 것입니다.

두 번째 잔치 자리에서 왕은 에스더에게 소원이 무엇인지 묻습니다. 에스더가 드디어 대답합니다. "나와 내 민족이 몰살당하게 되었습니다!" 이 말을 들은 왕은 깜짝 놀랍니다. 어떤 사람이 그런 짓을 했는지 물었고, 그때 에스더는 "바로 이 악한 하만입니다"라고 말합니다.

에스더의 용기가 정말로 대단합니다. 나라의 제2인자를 바로 눈앞에 두고 이렇게 당당하게 말할 수 있는 용기는 정말로 갖기 어려운 일입니다. 본래 에스더에게는 이런 용기가 없었습니다. 그러나 믿음의 길을 선택하자 하나님께서 에스더에게 용기를 주셨습니다. 누구든지 하나님의 길을 선택하면 하나님께서는 어떤 것이든지 도우십니다. 문제는 사람들이 하나님의 도움을 받기 원하면서도 하나님의 길을 선택하는 것이 아니라 내 길을 선택하는 데에 있습니다. 내 길을 선택하고선 하나님을 나의 머슴처럼 여기면서 나를 도와달라고만 합니다. 이건 아닙니다.

왕이 격노합니다. 분을 이기지 못한 왕이 잠시 자리를 떴을 때 하만이 에스더를 붙잡고 애원하였습니다. 때마침 왕이 돌아오다가 이 광경을 보고 자기가 잠깐 자리를 비운 사이에 술에 취한 하만이 왕후에게 못된 짓을 한다고 오해합니다. 하만을 당장 끌어내라고 명합니다.

오해는 선한 사람만 받는 것이 아닙니다. 악한 사람도 오해를 받습니다.

하만이 체포되어 즉각 처형됩니다. 참으로 묘한 것은 하만이 처형된 방법입니다. 모르드개를 매달아 죽이려고 세웠던 바로 그 장대에 자기가 매달려서 죽었습니다.

「욥기」 4장 8절은 말씀합니다. "악을 밭 갈고 독을 뿌리는 자는 그대로 거두나니."

「잠언」 5장 22절은 "악인은 자기의 악에 걸리며 그 죄의 줄에 매이나니"라고 말씀하십니다.

6

왕의 격노하는 모습에서 우리는 하나님의 분노를 볼 수 있습니다. 오래 참고 기다리시다 어느 순간, 더 이상 참지 않으시고 벌떡 일어서시는 하나님, 우리 하나님은 이런 하나님입니다. 여러분들이 힘들고 고통당할 때, 억울함이 가시지 않을 때, 악한 사람들이 잘 되고 있을 때 하나님께서는 마치 우리 일에, 악한 사람들의 악함에, 우리의 억울함에 아무 관심이 없는 것 같습니다. 그러나 그렇지 않습니다. 혹시라도 악인들이 악함에서 돌아오도록 하기 위해서 기다리실 뿐입니다. 그러다 이제는 안 되겠다고 판단하시게 되면 벌떡 일어서십니다.

하나님의 깊은 뜻을 알고 너무 억울해하지 마시고 너무 답답해하지 마십시오. 기다림이 오래가지 않습니다. 하나님께서는 악인의 악함을 그렇게 오래 봐주시지 않고 여러분들의 억울함을 마냥 내버려두시지 않습니다.

하나님께는 기묘하심이 있습니다. 모르드개를 달려고 세웠던 그 장대에 하만이 매달립니다. 하만이 누리던 페르시아 제2인자의 자리에 하나님은 하만의 장대에 매달릴 뻔했던 모르드개를 대신 앉히셨습니다. 얼마나 기묘하신 하나님이십니까? 하나님을 생각하면서 웃으면서 사십시오. 이 하나님을 보고, 하나님을 믿고 넉넉한 마음으로 사십시오.

그러나 혹시라도 여러분들에게 하만과 같은 악, 잘못된 것이 있지나 않은지 돌아보시기 바랍니다. 여러분에게 어떤 악이든지 있으면 돌이키십시오. 속히 돌이키십시오. 하나님이 한 번 일어서시면 더 이상 기회가 없습니다. 하만이 보지 못했던 하나님을 볼 수 있는 여러분이 되십시오.

또 혹시 여러분들이 의롭게 바르게 선하게 착하게 믿음으로 살아왔는데, 억울하고 속상하고 괴로움이 있는 분들이 계신다면 모르드개를 보십시오. 모르드개의 하나님을 보십시오. 그 하나님이 바로 여러분의 하나님입니다.

세상 사람들은 절대로 가질 수 없는 모르드개의 눈을 가지십시오. 모르드개가 가졌던 믿음을 안고 모르드개처럼 그저 하나님만 믿으십시오. 여러분이 믿는 그 하나님은 이미 일하고 계십니다.

9

명예의 전당

■

아브라함이 나이가 많아 늙었고 여호와께서 그에게 범사에 복을 주셨더라 아브라함이 자기 집 모든 소유를 맡은 늙은 종에게 이르되 청하건대 내 허벅지 밑에 네 손을 넣으라 내가 너에게 하늘의 하나님, 땅의 하나님이신 여호와를 가리켜 맹세하게 하노니 너는 내가 거주하는 이 지방 가나안 족속의 딸 중에서 내 아들을 위하여 아내를 택하지 말고 내 고향 내 족속에게로 가서 내 아들 이삭을 위하여 아내를 택하라

종이 이르되 여자가 나를 따라 이 땅으로 오려고 하지 아니하거든 내가 주인의 아들을 주인이 나오신 땅으로 인도하여 돌아가리이까 아브라함이 그에게 이르되 내 아들을 그리로 데리고 돌아가지 아니하도록 하라

하늘의 하나님 여호와께서 나를 내 아버지의 집과 내 고향 땅에서 떠나게 하시고 내게 말씀하시며 내게 맹세하여 이르시기를 이 땅을 네 씨에게 주리라 하셨으니 그가 그 사자를 너보다 앞서 보내실지라

네가 거기서 내 아들을 위하여 아내를 택할지니라 만일 여자가 너를 따라 오려고 하지 아니하면 나의 이 맹세가 너와 상관이 없나니

오직 내 아들을 데리고 그리로 가지 말지니라 그 종이 이에 그의 주
인 아브라함의 허벅지 아래에 손을 넣고 이 일에 대하여 그에게 맹
세하였느니라

「창세기」 24:1~9

1

'어른'이라는 말이 참 좋습니다. 그 느낌이 참 괜찮습니다.
어감 자체도 좋지만 '어른'이 내 주위에 계신다고 생각하면
아주 든든합니다. 그중에서도 '좋은 어른' 또는 '큰 어른'이라
는 수식어가 붙게 되면 더 좋습니다.

이런 말씀을 드리면서 늘 아쉬움이 많습니다. 좋은 어른,
큰 어른을 가졌다는 것은 대단한 축복입니다. 나라에 그런 어
른이 계신다면, 이 사회에 그런 어른이 계신다면 참으로 축복
입니다. 무엇보다도 가정에 좋은 어른이 계시다면 가족으로
서는 더할 나위 없이 행복할 것입니다.

가능하다면 가정의 가장이 큰 어른이 되십시오. 또는 어머
니가 좋은 어른이 되어 주십시오. 적어도 한 분은 계셔야 합
니다.

여러분들이 어른이 되시는 복을 받으십시오. 거기에다 좋은 어른, 큰 어른이 되는 복을 받으십시오. 그리고 이 복을 나누어주십시오. 할 수만 있으면 여러분들이 이 나라에, 국민들에게 좋은 어른의 모습을 보여주십시오. '저기 어른이 있다, 큰 어른이다. 참 좋은 어른이다'라는 말을 들으십시오.

여러분의 자녀들이 '좋은 어른이 된 부모'를 보고 멋진 그림을 그리며 한평생 살아가도록 도와주십시오. 그리고 자신이 그린 것보다 더 좋은 어른이라는 그림을 만들어갈 수 있도록 하십시오.

2

이스라엘 민족에게는 몇 명의 위대한 어른들이 계셨습니다. 아브라함이라는 어른, 그리고 출애굽을 인도한 모세라는 어른, 이스라엘의 영원한 왕 다윗이 그들입니다. 이스라엘 백성들에게 다른 왕은 없습니다. 그저 다윗입니다. 그들은 틀림없이 다윗 같은 사람이 일어나서 조국 이스라엘을 부강한 나라로 만들 것이라는 기대를 가지고 있었습니다. 또 엘리야라는 위대한 어른이 있습니다. 하나님의 종이라고 하면 당연하게 엘리야를 생각하게 됩니다. 이스라엘 민족은 '어른'이라는 구체적인 그림과 비전을 가지고 살고 있습니다. 모든 국민들이 나름대로 '이런 어른, 저런 어른'이라는 그림을 가지고 삽니다.

우리나라에서도 유명 일간지 중 하나가 몇 년 전부터 10년 뒤에 한국을 빛낼 100명을 선정하는 작업을 했습니다. 한국을 빛낼 인재의 특성이 어떤 것인지를 보여줌으로써 어린아이들이나 젊은이들이 비전을 가지고 자라날 수 있도록 하기 위함이 취지입니다. 참 잘한 것 같습니다. 한국을 빛낼 100명의 어른들이 나름대로 지금까지 어떻게 살아왔는지 그 비결을 젊은 사람들에게 보여주고, 앞으로 이 나라를 이끌어 갈 다음 세대의 지도자들에게는 이런 모습, 이런 상이 있다는 것을 제시하기 위해서 기획한 것입니다.

선정 작업을 한 지 올해로 3년째입니다. 그저 몇 명이 앉아서 '쑥덕쑥덕하는' 것이 아니라 무려 400명이나 되는 우리나라 각계의 지도자들의 의견을 모아 종합해서 선정합니다. 세 번 선정되면 그 다음부터는 이분에 대해서는 더 이상 선정 과정을 더하지 않고 명예의 전당에 모십니다. 첫 해부터 매년 100명씩 선정하는데, 3년째가 되는 금년에 세 번 뽑힌 사람이 스무 명입니다. 감사하게도 우리 교회 집사님 한 분이 여기에 이름이 들어가 있습니다.

여러분들이 꼭 이런 일이 아닐지라도 어떤 형태이든지 어른의 모습을 갖추서서 가족들에게는 물론, 많은 사람들에게 내가 저런 어른처럼 살아야 되겠다는 모습을 보이면 좋겠습니다.

3

이스라엘의 어른 가운데 첫 번째 사람은 아브라함입니다. 우리는 아브라함을 '믿음의 아버지'라고 부릅니다. 아브라함을 그렇게 부르는 데는 그만 한 이유가 있습니다. 아브라함의

역사를 보면서 하나님께서 아브라함을 통해서 우리들에게 무엇을 말씀하시고, 어떤 비전을 보여주시며, 어떤 이상理想을 주시는지 알아보도록 하겠습니다.

하나님께서 아브라함에게 네 고향을 떠나라고 말씀하셨습니다. 오늘날은 이 말씀이 별것 아닌 것처럼 보이지만 당시로서는 죽으라는 뜻이나 마찬가지였습니다. 당시는 약육강식의 시대였습니다. 고향을 떠나 다른 곳으로 가게 되면 짐승들의 세계에서처럼 가지고 있는 재산을 다 빼앗기거나 죽임을 당하는 시절이었습니다. 일가친척이 있는 고향을 떠나는 것은 죽음이나 다름없었습니다. 하나님께서 아브라함에게 네 고향 친척 아버지 집을 떠나라고 말씀하셨습니다. 황당하다는 말 외에는 다른 말로는 표현할 수 없는 말씀입니다.

그러나 아브라함은 하나님의 말씀을 믿음으로 받아들였습니다. 그는 순순히 고향을 떠났습니다. 일반 상식이나 얕은 계산으로는 할 수 없는 일이었습니다. 믿음이 아니고서는 도저히 할 수 없는 일이었지만 아브라함은 하나님의 뜻을 받아들였습니다.

「히브리서」는 이것을 "믿음으로 아브라함은 부르심을 받았을 때에 순종하여 장래의 유업으로 받을 땅에 나아갈새 갈 바를 알지 못하고 나아갔으며"(히 11:8)라고 말씀하십니다. 믿음으로 순종했다고 하십니다. 어디로 가야 할지 알지 못하는데 어떻게 가겠습니까? 그럼에도 믿음으로 갔다고 말씀하고 있습니다.

그러나 믿음의 아버지라고 해서 항상 믿음을 잘 지킨 것은 아닙니다. 여기에 우리의 가망이 있고, 희망이 있습니다. 우리가 하나님 앞에 나아가서 드릴 말씀이 있습니다. "아브라함도 실수하지 않았습니까? 아브라함도 실패하지 않았습니까?" 이렇게 말할 수 있기 때문입니다. 아브라함도 믿음의 실패를 겪었습니다.

가나안에 흉년이 들었습니다. 아브라함은 이집트로 갔습니다. 가나안에 먹을 것이 없었기 때문에 이집트로 갈 수는 있습니다. 그러나 거기에서 자기 목숨을 지키기 위해서 하나님을 믿지 못하고 거짓말을 했다는 것이 문제입니다. 지금까지 하나님께서 나를 이렇게 인도하고 보호하셨으므로 또 지켜주실 것이라는 것을 믿지 못했습니다. 살기 위해 거짓말을 했습니다. 그러다 끔찍한 고생을 했습니다.

4

그러나 여기에 살펴볼 만한 중요한 점이 있습니다. 인생을 살다보면 누구나 실수할 수도 있습니다. 실패할 수 있습니다. 잘못할 수도 있습니다. 심지어는 죄를 지을 수도 있습니다. 중요한 것은 '그렇다고 그대로 넘어지고 자빠지고 주저앉고 마는가? 좌절하고 실망하고 물러서고 마는가? 아니면 이것을 딛고 일어서는가?'입니다.

위대한 사람은 여기에서 차이가 납니다. 사업에 실패할 수 있습니다. 인생이 무너질 수 있습니다. 죄를 지을 수 있습니다. 문제는 그것 때문에 털썩 주저앉고 마는가, 아니면 '그만큼 수업료를 지불했으니 다시 일어서야 하겠다, 다시 시작하겠다!' 하고 일어서느냐? 여기에 따라 각자 길이 달라집니다.

아브라함은 일어섰습니다. 그리고 커다란 깨우침을 얻었습니다. '하나님만 계시면 아무것도 겁낼 것이 없다!'라는 위대한 진리를 얻었습니다.

"지금까지 나를 인도하신 하나님이 계시는데 미처 하나님을 생각하지 못하고, 하나님을 믿지 못하고, 하나님께 나의 생명을 맡기지 못하고, 내가 내 생명을 구하려고 거짓말을 늘어놓은 바보 같은 사람이었다'라는 것을 깨달습니다. 다시는 그러지 않겠다는 각오를 하게 됩니다.

'하나님만 나와 함께하신다면 바보 같은 인생도 얼마든지 달라질 수 있다. 모든 것을 할 수 있다'라는 믿음을 가지게 됩니다. 커다란 것을 배웠습니다.

이 정도를 배우면 실패해도 괜찮습니다. 실수해도 괜찮습니다. 수업료를 제법 지불해도 좋습니다.

아브라함은 그 후에 오랫동안 함께 데리고 살던 조카 롯이 이제는 같이 살지 못하게 되자 그와 별거를 하게 되었습니다. 문제는 땅이었습니다. 좋은 목초지가 얼마 없었습니다. 좋은 땅을 누가 차지할 것인가의 문제가 놓였습니다. 지금까지 주인 역할을 했으며 어른이기도 한 아브라함이 당연히 좋은 땅을 차지해야 하겠지만, 아브라함은 과감하게 롯에게 양보합니다. 아브라함, 조카 롯 둘 다 목축업자라 목초지가 생명이나 다를 바가 없습니다. 그러나 아브라함은 좋은 땅을 흔쾌하게 양보했습니다.

얼마나 멋집니까? 아브라함의 자신만만하고 멋진 태도는 어디서 나왔는지 잘 보아야 합니다. 바로 이집트에서 배운 믿음입니다. 아브라함은 이집트에서 얻었던 하나님에 대한 믿음을 가지고 '그 모습'을 만들어내었습니다. 문제는 땅이 아니라는 것입니다.

'좋은 땅인지 좋지 않은 땅인지는 하나도 문제가 되지 않는다. 하나님께서 함께하시기만 하면 된다!'라는 것을 아브라함이 배웠기 때문입니다.

멋지지 않습니까? 인생이 얼마나 편하겠습니까? 모든 사람이 다 죽는다고 아우성칠 때에도 우리는 얼마든지 큰소리칠 수 있습니다. 자연 환경적으로, 경제 환경적으로, 가정 환경적으로, 육체적인 환경적으로 이런저런 좌절스러운 어려움이 우리들에게 다가올 수 있습니다. 그러나 이때에도 하나님만 함께하시면 된다는 믿음만 있으면 우리는 얼마든지 웃을 수 있습니다. 큰소리칠 수 있는 멋진 모습을 보일 수 있습니다. 이것이 멋진 인생입니다. 일이 잘 안 된다고 힘들어하고, 몸이 좀 안 좋다고 뒤로 꽁무니 빼는 모습은 너무 초라합니다. 이 것저것 다 상관없이, 나는 하나님만 함께하면 된다고 큰소리칠 수 있다면 얼마나 멋지겠습니까?

이런 어른들이 좀 나와야 합니다. 이 사회에 멋진 어른들이 없기 때문에 배울 데가 없어서 아이들이 못된 짓을 따라 합니다. 어른들이 먼저 못난 모습을 보였기 때문입니다. 어른이 어른의 모습을 보이지 못하고 못난 모습을 아이들에게 보여주었기 때문에 아이들이 그 모습을 따라 해서 못된 일들을 하고 있습니다.

아브라함은 하나님만 함께하면 된다고 생각했습니다. 여러분들이 아브라함과 같은 모습을 보여주었으면 좋겠습니다.

조카 롯이 전쟁을 하다 포로로 끌려가게 됩니다. 그때에도 아브라함의 믿음은 변함없이 나타납니다. 조카를 구하기 위

해서 나섰습니다. 그런데 문제는 상대입니다. 자기 힘으로는
도저히 감당할 수 없는 강력한 연합군이었습니다. 그러나 아
브라함은 오합지졸밖에 안 되는 가솔들을 데리고 강력한 연
합군을 상대로 전쟁을 벌였습니다. 이 용기가 어디서 나왔겠
습니까? 물론 결과적으로 이겼지만, 그저 이기고 지고의 문제
가 아닙니다. 이런 용기가 어디서 나왔는가가 더 중요합니다.
이집트에서 얻게 된 믿음입니다. '숫자는 아무 상관없다, 하나
님만 함께하시면 된다!'라는 믿음이었습니다.

5

민음의 아버지 아브라함도 한 번 실패로 끝나지 않았습니
다. 또 실패를 했습니다. 민음의 큰 실패를 하게 됩니다. 하나

님께서 자식을 주겠다고 약속을 하셨지만 하나님을 끝까지 믿지 못했습니다. 아내의 말에 흔들리게 됩니다. 어쩌면 은근슬쩍 기다렸는지도 모릅니다. 아무래도 아이를 낳아줄 첩을 들여야겠다고 말하는 아내의 말에 그대로 넘어갔습니다.

아내 되시는 분들에게 부탁드리고 싶은 말이 있습니다. 대체로 가정마다 믿음의 기둥은 아내가 됩니다. 혹시 여러분 가운데 남편의 믿음이 시원찮다고 생각하시는 분들은 남편의 믿음이 문제가 아니라 바로 아내되는 나의 문제라는 것을 아십시오. 내가 어떤 모습을 보였는지 생각해봐야 합니다. 자식에게 어떤 문제가 있다면 그건 자식의 문제가 아니라 어머니의 문제입니다. 어머니가 바로 서면 자식의 믿음이 바로 서게 되고, 아내가 바로 서면 남편의 믿음이 바로 서게 됩니다. 처음에는 조금 모자라도 어느 틈엔가 남편의 믿음이 제대로 가기 마련입니다.

남자란 존재는 그렇습니다. '유대인의 계승'은 아버지가 아니라 어머니입니다. 어머니가 유대인이면 그 자식들도 유대인이고, 어머니가 유대인이 아니면 자식들도 유대인이 아닙니다. 아내가 바로 서고, 어머니가 바로 서면 가족의 믿음이 제대로 가기 마련입니다.

아브라함의 아내는 이 역할을 제대로 못했습니다. 아내가 흔들어대자 아브라함의 좋은 믿음이 바로 무너졌습니다. 어쩌면 아브라함이 젊은 여자와 한번 살아봤으면 좋겠다는 생각을 했는지도 모릅니다. 그런 차에 아내가 귀가 솔깃한 이야기를 했으니 얼마나 좋았겠습니까? 그러나 그 결과, 아브라함의 가정이 얼마나 흔들렸습니까? 얼마나 시끄러웠습니까?

그러나 아브라함은 쓰라린 실패의 아픔을 바탕으로 또다시 일어서게 됩니다. 믿음의 재도약을 이루었습니다. 아브라함은 지금까지 나름대로 믿음이라고 했던 것들이 진짜 믿음이 아니고 감정적인 믿음이었다는 것을 알게 됩니다.

참된 믿음이란 잠시 믿는 믿음이 아닙니다. 어제나 오늘이나 내일이나 변하지 아니하고 쭉 이어지는 믿음, 아무리 믿을 수 없는 상황이 일어난다고 할지라도 끝까지 믿는 믿음, 이런 믿음이 진짜 믿음입니다.

사랑도 마찬가지입니다. 잠시 사랑하지 않는 사람이 어디 있겠습니까? 가정이 깨진 부부도 처음에 사랑하지 아니한 부부가 어디 있습니까? 진짜 사랑은 남편에게 실망하는 일, 아내에게서 실망스런 모습이 보였다고 할지라도 그냥 끝까지 믿는 것입니다. 지금 아내의 모습, 지금 남편의 모습을 믿는 것이 아니라 이 사람을 하나님께서 나에게 아내로, 남편으로 주셨다는 이 믿음이 진짜 믿음이고 사랑입니다. 아내를 바꾸어서, 남편을 바꾸어서 해결이 될 것 같습니까? 절대 해결되지 않습니다. 하나님께서 나에게 주셨다는 믿음을 가져야 합니다.

충성도 잠시 충성하지 않는 사람이 어디 있습니까? 회사나 나라나 교회에서 잠시 충성하지 않는 사람이 어디 있습니까? 그러나 그것은 진정한 충성이 아닙니다. 감정이고 내 기분입니다. 상황이 변해도, 내가 도저히 충성하지 못하겠다는 상황이 생겨도 끝까지 충성하는 그것을 진짜 충성이라고 말합니다. 감정과 충성, 감정과 사랑을 잘 구분해야 합니다. 진실한 사랑이 무엇이고, 진실한 충성이 무엇이고, 참된 믿음이 무엇인지 잘 알아야 합니다.

아브라함은 진짜 믿음을 배웠습니다. 그냥 끝까지 하나님을 믿겠다고 작정했습니다.

하나님께서 보시기에 아브라함이 기특했습니다. 그렇지만 그것이 과연 진짜인지 걱정스러웠습니다. 아브라함을 불러 자식을 바치라는 말씀으로 시험하셨습니다. 정말로 말도 안 되는 말씀입니다. 어떤 경우에도 양보할 수 없는 존재가 자식입니다. 그 '말이 되지 않는' 하나님의 명령에 그러나 아브라함은 전적으로 순종했습니다.

 다음날 아침 일찍이 짐을 싸서 아들 이삭을 데리고 출발했습니다. 아브라함의 마음속에는 내가 들은 그 말씀이 하나님의 말씀이 분명하다면, 어떤 것이라도 심지어 내 자식을 바치는 일이라 하더라도 순종하겠다는 믿음

이 있었습니다.

거기에는 이유가 있었습니다. 지금까지 살아오면서 나의 하나님은 절대적으로 믿을 수 있는 분이었다는 경험이 있었습니다. 아브라함은, '하나님은 나를 사랑하시고 또한 나를 사랑하시듯이 내 자식 내 아들을 사랑하신다!'라는 것을 믿었습니다. 내가 내 아들을 사랑하는 것보다 하나님이 훨씬 더 사랑하신다는 것을 알았습니다. 그렇게 사랑하시는 하나님께서, 우리가 생각하는 '말도 안 되는 말씀'을 하셨을 리가 없다는 것입니다. 무엇인지 몰라도 나의 하나님은 믿을 만한 분이다, 하나님께서 말씀하셨다면 나는 그것을 받아들여야 한다고 생각했습니다.

이렇게 함으로써 아브라함은 드디어 명예의 전당에 들어갔고 '믿음의 아버지'라는 이름을 얻었습니다.

여러분들도 아브라함처럼 명예의 전당에 들어가십시오. 어떤 형태로든 어른이 되십시오. 가정에서도 어른이 되시고, 나라에서도 어른이 되시고, 교회에서도 어른이 되십시오. 저분에게는 배울 것이 있다고 사람들이 생각하게 하십시오. 우리 아버지에게, 우리 어머니에게 배울 것이 있다고 생각하게 하십시오. 자식이 평생 담고 살아갈 수 있는 아름다운 어머니의 모습을 보여주십시오. 그저 내 자식이 잘 되기를 소원만 하는 분들이 아니라, 정말로 멋진 모습을 보여주십시오. 하나님께 따로 소원하지 않아도, 하나님께서 보시고 저 아이라면 내가 챙겨줄 수밖에 없겠다 싶은 자식으로 키우는, 그런 어른스런 어머니가 되시면 좋겠습니다.

6

'믿음의 아버지'라는 명예의 전당에 등극한 아브라함의 말년의 이야기입니다. 참으로 배울 것이 많습니다. 하나님께서 오늘 여러분들에게 귀한 '선물'을 주십니다.

어느 날 아브라함이 자부를 보기 위해서 하인 한 사람을 부릅니다. 맹세하라고 말합니다. 어떤 일이 있어도 그 맹세를 지키라고 명령했습니다. 자부 될 사람을 이 지역에서 구하지 말고 고향 땅에 가서 구하라는 명령이었습니다. 놀라운 것은 아브라함의 명령 내용입니다. 자부 될 사람을 물색하라, 이런 사람을 찾아보라고 말하는 것이 아니었습니다. 가서 "자네가 잘 보고 선택하라, 결정해서 데리고 오라!"는 것이었습니다.

어떻게 이렇게 할 수 있습니까? 물론 그 하인이 믿을 만한 사람이라는 것은 분명합니다. 적어도 믿을 만한 사람을 선택하는 정도의 노력은 해야 합니다. 2절에서 "아브라함이 자기 집 모든 소유를 맡은 늙은 종에게"라고 말씀하십니다. 모든 것을 맡길 수 있는 사람, 상당히 신임할 수 있는 사람이라는 말입니다.

그러나 아무리 믿을 수 있는 사람이라고 할지라도 내 며느리 될 사람, 내 사위 될 사람을 '심부름꾼'에게 전적으로 맡길 수 있습니까? "가서 결정해서 데리고 오라"고 말할 수 있습니까? 여기서 그 믿음이 어디서 나왔는지, 그 하인을 어떻게 그렇게 믿고 보낼 수 있는지 정확하게 보아야 합니다.

우선 그 믿음은 종에 대한 신뢰에서 나온 것은 아닙니다. 그럴 수는 없습니다. 자식 평생의 일인데 어떻게 그럴 수 있겠습니까? 어디서 나왔겠습니까? 하나님에 대한 신뢰에서 나온 것입니다. '지금까지 나를 그렇게 최고로 인도하신 하나님께서 내 자부 문제, 내 사위 문제도 틀림없이 잘 인도하실 것'이라는 믿음입니다. 물론 아브라함이 믿을 만한 사람을 보냈지만, 아브라함에게는 설사 그 사람이 전적으로 신뢰할 만한 사람이 되지 못한다고 할지라도 하나님께서 반드시 좋은 사람을 골라서 보낼 것이라는 믿음이 있었습니다. 이 믿음 덕분에 하인에게 그렇게 말할 수 있었습니다. 여러분들에게 필요한 믿음이 바로 이것입니다.

기드온을 보겠습니다. 기드온이 전쟁에 나갈 때 무기로 횃불과 항아리, 나팔을 들고 나갔습니다. 군인도 300명밖에 데리고 나가지 않았습니다. 무엇을 이야기합니까?

밤중에 횃불을 들고 나가면 상대방이 깜짝 놀라기 때문일까요? 그 정도도 예측하지 못하고 전쟁에 임하는 적군이 있겠습니까? 항아리를 들고 가서 깨뜨리면 커다란 소리가 나기 때문입니까? 전쟁할 때 그 정도 소리가 나지 않겠습니까? 또 전쟁할 때는 다 나팔을 붑니다. 그렇다면 무엇을 의미하는 것입니까? 하나님께서 우리에게 승리를 주신다고 말씀하셨기 때문에 '그냥 빈손으로 가기는 뭐 해서 아무거나 들고 나간 것'입니다. 우리는 최선을 다할 뿐 승리는 하나님께서 주신다는 말씀입니다. 이것을 하나님께서 기드온의 나팔, 횃불, 항아리로 말씀하셨습니다.

아브라함에게는 누구를 보내어도 하나님께서 준비해두신 그 사람이 올 것이라는 믿음이 있었습니다.

"하늘의 하나님 여호와께서 나를 내 아버지의 집과 내 고향 땅에서 떠나게 하시고 내게 말씀하시며 내게 맹세하여 이르시기를 이 땅을 네 씨에게 주리라 하셨으니 그가 그 사자를 너보다 앞서 보내실지라"

이 믿음이 아브라함에게 있었습니다.

7

여기서 우리가 하나 주의하고 기억해야 할 것이 있습니다. 아브라함의 하나님에 대한 믿음은 그냥 막연하고 자기 혼자 마음대로 믿는 믿음이 아니었습니다. "하나님, 내가 이렇게 하고 싶은데 꼭 해주십시오. 반드시 해주십시오. 믿습니다." 이런 믿음이 아니었습니다. 정확하게 보아야 합니다. 아브라함은 하나님께서 하신 말씀을 바탕으로 하나님을 붙들었습니다. 다시 7절을 보겠습니다.

"하늘의 하나님 여호와께서 나를 내 아버지의 집과 내 고향 땅에서 떠나게 하시고 내게 말씀하시며 내게 맹세하여 이르시기를 이 땅을 네 씨에게 주겠다"라고 말씀하셨습니다. 지금 겨우 아들 하나 보았습니다. 그 아들이 넓은 땅을 관리할 수가 없습니다. 자손이 생겨야 합니다. 자손이 생기려면 그 아들에게 배필을 주셔야 합니다.

하나님께서 이 땅을 주신다고 약속하셨고, 아들까지 주셨으므로 당연하게 며느리까지 챙겨주실 것이라고 믿었습니다. 이 하나님의 말씀을 바탕으로 믿은 것입니다. 하나님은 그 약속을 지키실 것이라는 믿음, 바로 이것입니다.

오늘날 기독교 신자들에게 정말로 필요한 것은 하나님은 살아 계시고 반드시 당신의 말씀을 이루신다는 믿음입니다.

그리고 하나님은 당신의 말씀을 이루시기 위해서 어떤 일도 할 수 있다는 믿음입니다. 오는 며느리감이 누구든, 어떤 사람이 오든 내 아들에게 꼭 알맞은 며느리가 될 것이라는 믿음입니다. '좋은' 며느리가 아닙니다. 뛰어난 며느리가 아닙니다. 내 아들에게, 우리 집에 꼭 필요한 며느리를 구해서 주실 것이라는 믿음을 가지고 있었습니다. 하나님은 그렇게 하실 것이라는 믿음입니다.

성경은 모든 곳에서 이것을 말씀하고 있습니다. 요셉을 보겠습니다. 형들에게 미움을 받아 노예로 팔리는 아픔, 노예살이의 고통을 당했습니다. 보디발의 아내의 유혹을 뿌리쳤지만 그런 자기에게 돌아온 것은 감옥에 가는 억울함이었습니다. 감옥 속에서 만난 술 맡은 관원장이 자기가 출옥하기만 하면 틀림없이 챙겨주겠다고 그렇게 맹세하고 다짐했지만, 날이 가고 또 가도 감감무소식이었습니다. 너무도 고통스러운 일련의 일들, 그러나 그 모든 것을 다 하나님께서 하셨습니다. 요셉은 이집트에 갔어야 했습니다. 감옥에 갇혀야 했습니다. 술 맡은 관원장이 요셉과의 약속을 잊어버려야 했습니다. 아직은 때가 아니었기 때문입니다. 전부 다 하나님의 뜻을 이루기 위해서 하나님께서 연출하신 것입니다.

우리의 하나님은 이런 하나님입니다. 때로는 '일'을 위해서는 당신의 자식들에게 고생도 시키십니다. 하나님의 사람들은 좋은 길로만 가려고 할 것이 아닙니다.

사울을 보겠습니다. 하나님께서 왕으로 세우셨지만 입지立地가 좋지 않았습니다. 사람들이 사울을 무시했습니다. 하나님께서 사울의 입지를 세우시려고 작정하십니다. 가만히 있는 암몬이라는 나라로 하여금 이스라엘과 전쟁할 마음을 갖게 하셨습니다. 암몬이 전쟁을 일으켰습니다. 이스라엘 백성들이 우리는 이제 곧 죽을 것이라며 아우성쳤습니다. 하나님께서 지금까지 백성들로부터 신뢰를 받지 못하고 존경받지 못하던 사울로 하여금 전쟁에서 대승하게 하셨습니다. 그때서야 이스라엘 백성들은 사울을 인정하기 시작했습니다. 하나님은 이렇게도 일하십니다.

다윗을 볼까요? 오래전 다윗에게 하나님께서 기름을 부으시고 왕이 될 것이라고 말씀하셨습니다. 그렇기 때문에 영화의 주인공이 일찌감치 죽으면 안 되는 것처럼 다윗도 죽으면 안 됩니다. 다윗이 사울에게 쫓겨 도저히 피할 길이 없는 절체절명의 위기에 빠졌을 때 하나님께서 옆 나라 블레셋으로 하여금 전쟁을 일으키게 하셨습니다. 블레셋이 이스라엘을 쳐들어왔습니다. 다윗을 쫓던 사울이 발길을 돌릴 수밖에 없도록 만드셨습니다. 얼마나 멋집니까? 하나님께는 모든 '경우의 수'가 있습니다.

견디다 못한 다윗이 블레셋이라는 나라에 망명을 갔는데 더 난감한 문제가 생겼습니다. 다윗이 자기 조국, 이전의 자기

부하들, 자기 백성들과 싸울 처지가 되었습니다. 그 난감한 때에 블레셋 왕이 갑자기 다윗을 불렀습니다. 블레셋 왕은, "다윗을 이 전쟁의 선봉에 세워 당신의 원수를 갚게 해주고 싶지만 부하들이 다윗을 전쟁에 나가지 못하게 한다, 그러니 미안하지만 돌아가라"고 말합니다. 이런 기묘한 일이 어디 있겠습니까? 다윗이 블레셋 왕에게 전쟁에서 빼달라는 부탁을 했다면 곤란한 일이 생겼을 것입니다. 오히려 블레셋 왕이 다윗에게 전쟁에서 빠져달라고 부탁을 했습니다. 우리의 하나님은 '정말로 하나님'입니다.

하나님에 대한 이런 믿음이 아브라함에게 있었습니다. 아브라함의 그 믿음은 단지 그것만으로 끝나지 않았습니다. 삶으로 그대로 나타났습니다. 조카 롯과 땅을 나눌 때 하나님을 믿고 좋은 땅을 조카에게 주었습니다. 조카를 위해서 하나님만 믿고 전쟁에 나갔습니다. 자식을 바치라고 할 때에도, 우리가 생각하는 모든 경우의 수를 뛰어넘어 하나님은 나보다 자식을 더 사랑하신다는 믿음으로 자식을 데리고 떠났습니다. 드디어 이 믿음으로 말미암아 믿음의 아버지라는 명예의 전당에 등극하게 되었습니다.

여러분들이 아브라함처럼 명예의 전당에 들어가기를 제가 소원합니다. 그러나 저보다 하나님께서 더 먼저, 더 많이 여러분들이 명예의 전당에 들어가기를 원하십니다. 그림을 한번 그려보십시오. 어느 날 여러분이 명예의 전당 안에 들어갔을 때 여러분의 이름이, 여러분의 얼굴이 명예의 전당 현판에 있다면 얼마나 영광이겠습니까? 이 그림을 가슴속에 담고 살면서 아름다운 어른의 모습으로, 여러분의 사랑하는 자녀들, 가족들 그리고 여러분 주변, 우리 교회 그리고 이 나라에 보여 주시는 여러분이 되시면 정말로 좋겠습니다. 이것이 하나님께서 여러분에게 향하는 하나님의 소원입니다.

내 평생에 선하심과
인자하심이

여호와는 나의 목자시니 내게 부족함이 없으리로다

그가 나를 푸른 풀밭에 누이시며 쉴 만한 물 가로 인도하시는도다

내 영혼을 소생시키시고 자기 이름을 위하여 의의 길로 인도하시는도다

내가 사망의 음침한 골짜기로 다닐지라도 해를 두려워하지 않을 것은 주께서 나와 함께 하심이라 주의 지팡이와 막대기가 나를 안위하시나이다

주께서 내 원수의 목전에서 내게 상을 차려 주시고 기름을 내 머리에 부으셨으니 내 잔이 넘치나이다

내 평생에 선하심과 인자하심이 반드시 나를 따르리니 내가 여호와의 집에 영원히 살리로다

「시편」 23:1~6

1

딸이 어렸을 때 일입니다. 엄마랑 마트에 갔는데 엄마가 잠깐 아이를 놓쳐버렸습니다. 그때 아이가 온 마트를 돌아다니면서 엄마를 찾는데, 다른 아이들 같으면 "엄마, 엄마" 하고 부를 텐데 이 아이는 자기 엄마 이름을 부르면서 찾았습니다. 나중에 찾고 난 뒤, 엄마의 이름을 부르면서 찾은 이유를 물었습니다. 그때 아이가 이렇게 대답했습니다. "마트 안에 엄마들이 여러 명 있는데 엄마라고 부르면 내가 어느 엄마를 부르는지 어떻게 알겠어요? 우리 엄마 이름을 불러야 엄마가 나인지 알잖아요?"

딸은 엄마가 자기 목소리를 못 알아듣는 줄 알았던 모양입니다. 자기 딸 목소리, 더구나 잃어버린 어린 딸 목소리를 못 듣는 어머니가 어디 있겠습니까?

2

양을 치는 목자들은 자기 양을 너무도 잘 압니다. 양은 모습이 비슷하여 분별하기 힘듭니다. 때로는 양과 염소도 헷갈리기 쉽습니다. 우리나라 양은 염소와 워낙 다르기 때문에 구별하기 쉽지만 지역에 따라 양과 염소가 비슷한 곳이 많습니다. 양의 목소리도 비슷합니다. 그러나 목자들은 다 압니다. 비슷하게 생긴 양들 가운데 어떤 양이 자기가 기르는 양인지, 여러 양들이 한꺼번에 울 때 자기가 기르는 양의 목소리인지 어떤 소린지 너무도 잘 압니다. 그리고 목자뿐만 아니라 양도 자기 목자를 잘 압니다.

예수님께서 「요한복음」 10장에서 말씀하십니다.

"양은 자기 목자의 음성을 듣는다, 양들이 자기 목자의 음성을 알기 때문에 자기 목자를 따라간다, 그러나 양들은 자기 목자가 아닌 다른 사람이 부르면 따라가지 아니한다, 따라가지 아니할 뿐 아니라 도망간다."

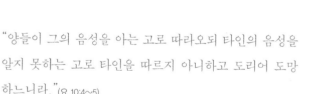

"양들이 그의 음성을 아는 고로 따라오되 타인의 음성을 알지 못하는 고로 타인을 따르지 아니하고 도리어 도망하느니라."(요 10:4~5)

양들은 상당히 예민합니다. 그리고 또 소심합니다. 자기방어 능력이 거의 없다 보니 소심할 수밖에 없습니다. 그렇기 때문에 양들은 환경이 아무리 좋고 편안한 곳에 있어도 자기 목자가 곁에 없으면 불안해하고 초조해합니다. 반대로, 환경이 안 좋고 다소 불편할지라도 또 다른 양들과 알력이 있거나 갈등이 있고 심지어는 못된 양들이 자기를 괴롭히더라도 자기를 돌봐주는 목자가 옆에 있기만 하면 편안해합니다. 잘 놀고 잘 쉬고 잠도 잘 잡니다.

어린아이들이 잠자다 깰 때 곁에 엄마가 없으면 그냥 웁니다. 그러나 눈을 떴을 때 엄마가 있기만 하면 보고 확인만 하고 또 잠이 듭니다. 엄마가 옆에 있다는 사실만으로도 아이는 편안해합니다. 잠을 푹 잘 수 있습니다.

양이 꼭 그렇습니다. 자기 목자가 곁에 있기만 하면 편안해합니다.

양에게 있어 목자는 대단한 존재입니다. 좋은 목자가 나한테 있다는 것만으로도 평안해하고 행복해합니다. 사람도 마찬가지입니다. 나를 지켜주는 존재, 나를 돌보아주는 존재가 있는 사람과 없는 사람은 하늘과 땅 차이입니다. 모든 인간이란 신을 소유하고 신에게 속하고 싶은 본능, 본성이 있기 때문입니다. 그런 존재가 나에게 있다는 이 자체만으로도 행복할 수 있고 건강할 수 있습니다. 하나님을 알고 믿으십시오.

3

양을 칠 때 중요한 수칙이 하나 있습니다. 양들을 같은 장소에 오래 두지 않는다는 것입니다. 한자리에 오래 있게 되면 양에게 문제가 생깁니다. 그래서 목자들은 양을 많이 움직이도록 하기 위해서 여러 가지 계획을 세우고  준비하고 실천에 옮깁니다. 목장도 크게 만들지 않습니다. 혹 땅은 넓어도 목장이 그리 크지 않습니다. 한 주인의 땅에 여러 목장들이 있습니다. 다른 양들을 키우는 목장이 아니라 같은 양들을 키우는 여러 목장입니다. 단지 칸을 나눈 것입니다. 크지 않은 한 목장에서 지내다 틈틈이 다음 목장, 또 다음 목장으로 옮겨갑니다. 같은 목장에 오래 있게 되면 기생충 등 안 좋은 것으로 목장이 오염되어 결국 목장 전체를 못쓰게 되기 때문입니다. 그러면 갈 데가 없어지므로 여러 개의 목장으로 나누어 둡니다. 한 목장이 오염되면 다른 목장으로 옮기면 됩니다.

양들이 먼 거리를 이동할 때가 있습니다. 여름에는 덥기 때문에 산 위쪽에 있는 산간 목장으로 가고 가을, 겨울에는 마을 목장으로 내려오는데 그 거리가 상당히 멉니다. 목장을 옮길 때 한꺼번에 가지 않습니다. 한꺼번에 가면 목동들은 아주

수월할 것입니다만 거리를 정해두고 매일 조금씩 옮겨갑니다. 이 일을 하기 위해서 목동들은 주도면밀하게 계획을 세워야 합니다. 오늘은 어디까지 갈 것이며 거기 가게 되면 물은 어떻게 공급받고 꼴은 어디서 먹게 할 것인지 미리 준비를 다 해야 합니다. 그리고 가는 길에 맹수가 나타날 수 있습니다. 맹수는 아무 데나 나타나는 것이 아니라 나타나는 곳이 따로 정해져 있습니다. 맹수들이 양들을 노리는 곳이 있습니다. 거기에서 양들을 노립니다. 목자는 그곳을 잘 파악해야 합니다.

양들을 힘들게 하는 것이 모기와 파리입니다. 별것 아닌 것 같지만 상당히 문제가 됩니다. 힘들게 괴롭히고 질병을 많이 일으킵니다. 모기와 파리가 또한 아무 데나 여기저기 돌아다니는 것이 아니라 출몰하는 데가 따로 있습니다. 등산 많이 가시는 분들은 날파리나 모기들이 주로 나타나는 곳이 어딘지 압니다. 같은 산을 자주 가는 사람들은 그곳을 피해서 가기도 합니다. 목동들도 마찬가지입니다.

양들을 안전하게 옮기기 위해서 목동들은 모든 노력을 다 합니다. 목장을 나눌 때 그냥 칸만 질러 두고 울타리만 쳤다고 되는 것이 아닙니다. 기생충이나 벌레 등이 다음 목장으로 넘어가지 못하도록 조치를 다 해야 합니다. 큰 목장 하나이면 한 번 씨를 뿌리면 되고 비료도 같이 뿌리면 되지만, 여러 개가 있으면 목장마다 따로 씨앗을 뿌려야 하고 비료도 각각 주어야 하는 등 상당히 힘든 문제가 많습니다. 산간 목장, 마을 목장을 왔다 갔다 하는 그 길에도 어디에 물이 있는지 어디에 꼴이 있는지 어디에 맹수가 나타나는지 파리, 모기는 어디에 많이 모이는지 알기 위해서 다른 목동들이나 선배 목동들로부터 정보도 받아야 하고 열심히 배워야 합니다. 공부를 많이 해야 합니다. 힘도 들고 애도 많이 써야 합니다.

무엇보다도 이런 일을 위해서 목자들은 세심한 관심을 기울여야 합니다. 마음이 있어야 합니다. 한순간도 양들에게서 눈을 뗄 수가 없습니다. 어린아이들을 보는 것과 똑같습니다. 양치기는 누워서 책을 읽고 음악이나 듣는 것 같지만 어림없습니다. 계속 양들을 쳐다보고 있어야 합니다. 그러다 어떤 문제가 생기면 즉각적으로 조치를 취해야 합니다. 이것을 제대로 한다는 것은 정말로 쉽지 않습니다. 양치기가 편하게 보이지만 그렇지 않습니다. 잠을 자지 못하는 일들이 많고 몸살 나는 일들도 허다합니다.

성경에 "나는 양의 문이다"라는 말이 있습니다. 어떤 문일까요? 옛날 목장에는 문이 따로 없었습니다. 사람 키 길이만큼 울타리가 없는 곳이 있었습니다. 거기가 문입니다. 거기에 목동이 누워 잡니다. 목동이 바로 문입니다. 자다가도 부스럭 소리만 나면 깹니다. 잠도 제대로 못 잡니다.

4

　목동의 일이 이렇게 힘들고 어려운 일임에도 불구하고 선한 목자들은 기꺼이 자신의 일을 감당합니다. 양을 사랑하기 때문입니다. 사랑하는 사람을 위해서는 못할 일이 없는 것과 같습니다. 목동들이 그렇게까지 양을 사랑할까 의아해하는 사람들도 있을 것입니다만 사실이 그렇습니다. 강아지를 키우는 사람들이 강아지를 사랑하는 것과 같습니다. 양들도 그렇습니다. 할아버지 할머니들이 손자 손녀를 보면 다 해주고 싶은 것처럼 목동들이 자기 양에 대한 마음이 이와 똑같습니다. 양에 대해 목동들은 그런 심정으로 살아갑니다.

　다윗이 양을 칠 때 자기가 양을 얼마나 사랑했는지에 대해서 말합니다.

　"주의 종이 아버지의 양을 지킬 때에 사자나 곰이 와서 양 떼에서 새끼를 물어 가면 내가 따라가서 그것을 치고 그 입에서 새끼를 건져내었고 그것이 일어나 나를 해하고자 하면 내가 그 수염을 잡고 그것을 쳐죽였나이다."

　(삼상 17:34~35)

　이 말을 들으면 거짓말 같습니다. 어떻게 사자나 곰하고 싸울 수 있을까요? 그러나 사실입니다. 우리
도 내 손자 손녀가 맹수에게 물려가고
있다면 가만히 있습니까? 할아버지 할
머니는 내가 죽는 한이 있다 할지라도 손
자 손녀를 살리기 위해서 모든 노력을 다
할 것입니다. 목동들도 마찬가지입니다. 다윗이 사자와 곰과
싸웠다는 것은 자기가 대단한 싸움 실력이 있다는 뜻이 아닙
니다. 내 생명이 붙어 있는 한 내 새끼 양이 물려가는 꼴을 눈
뜨고 보지 못했다는 말입니다. 내 생명을 잃는 한이 있다 하
더라도, 내가 죽는 한이 있다 하더라도 나는 가만히 있지는
못한다는 다윗의 고백입니다. 선한 목자는 양을 이처럼 사랑
합니다.

　모든 목자들이 이처럼 양을 사랑하고 자기를 희생하고 헌
신한다는 것은 아닙니다. 선한 목자만 그렇습니다. 정말로 양
을 사랑하는 목자들만 그렇습니다. 목자들 가운데서도 선한
목자가 있고 월급만 생각하는, 나만 생각하는 목자가 있습니
다. 정치인들이 그렇습니다. 선거 때는 인사도 많이 하지만
정말로 나라와 국민을 생각하는 정치인들이 얼마나 있습니
까? 이 기회에 말씀드립니다. 투표를 제대로 하십시오. 이 나
라에 소위 믿는 사람들이 25퍼센트나 된다고 하니 믿는 사람
들만 제대로 투표해도 괜찮습니다. 학연, 지연 이런 것 생각
하지 마십시오. 하나님의 사람은 그렇게 하면 안 됩니다. 또

217

하나 말씀드립니다. 기독교인들이라고, 교회에 나간다고, 신자라고 그냥 찍어주면 안 됩니다. 기독교인이라는 이름만 가지고 다니는 사람들이 얼마나 많은지 모릅니다.

목동들도 양을 사랑하는 마음 없이 월급만 생각하는 목동들이 있습니다. 이런 목동들은 맹수가 나타나면 자기만 살려고 양들을 버리기까지 합니다. 실제로 그렇습니다. 예수님께서 이것을 「요한복음」10장에서 말씀하셨습니다.

"선한 목자는 양들을 위하여 목숨을 버리거니와 삯꾼은
목자가 아니요 양도 제 양이 아니라 이리가 오는 것을

보면 양을 버리고 달아나나니 이리가 양을 물어가고 또
헤치느니라 달아나는 것은 그가 삯꾼인 까닭에 양을 돌
보지 아니함이나." (요 10:11~13)

목자라고 다 똑같은 목자가 아닙니다. 나라의 지도자라고
다 똑같은 지도자는 아닙니다. 교회 지도자라고 해서 다 똑같
은 교회 지도자는 아닌 것 같습니다.

5

목자들 가운데는 정말로 선하고 양을 사랑하는 목동들이 있
습니다. 그러나 그들의 모든 헌신과 희생과 사랑에도 불구하고
양들에게 종종 안타까운 일들이 생깁니다. 병이 나기도 합니
다. 양들이 기생충에 감염됩니다. 그렇게 되면 우리가 생각하
는 이상으로 힘듭니다. 요즘은 좋은 약들이 많이 나와서 양들
의 병치레가 조금 덜하다고 합니다. 심지어는 목동들이 세심한
주의를 기울였음에도 불구하고 양들이 맹수에게 잡아먹히는
일들이 제법 있습니다. 양이 길을 잃어버리는 일도 많습니다.

목동들이 이처럼 관심을 가지고 애를 쓰는데도 양들에게

불행한 일이 생기는 이유는 무엇일까요? 그것은 양이 목자에게 순종하지 않기 때문입니다.

예를 들면 목동들이 양을 데리고 다닐 때 계속 같은 길을 가지 않고 종종 다른 길로 빠집니다. 조금 멀고 힘들지라도 다른 길로 인도하는 데는 까닭이 있습니다. 양들이 한 길로만 자주 다니다 보면 풀을 많이 밟아서 못 쓰게 됩니다. 또 풀을 먹을 때 잎만 먹는 것이 아니라 풀뿌리까지 다 먹을 수 있습니다. 그렇게 되면 다음에 풀이 자라나지 않습니다. 그래서 힘들더라도 목동들은 양들을 끌고 한 길로만 다니지 않고 다른 길로 바꾸어서 갑니다.

거의 대부분의 양들은 목자를 잘 따릅니다. 그러나 가끔 말을 듣지 않는 양들이 있습니다. 이런 양들이 문제입니다.

양들 중에는 스스로 머리가 좋아서 목자가 인도하는 곳보다 더 좋은 길이 있다고 생각하는 양들이 있습니다. 어디에 더 좋은 풀이 있을까 싶어 목동들이 인도하는 대로 가지 않고 다른 길로 가다가 낭떠러지로 떨어지기도 하고 길을 잃고 맹수에게 잡아먹히는 일도 있습니다.

아무리 풀이 맛있게 보여도 못 먹는 풀이 있습니다. 양들은 그것을 모르고 먹다가 병이 나기도 합니다. 말을 안 듣기 때문에 병이 나기도 하고 잘못되기도 하는 것입니다.

물도 먹지 못할 물이 있습니다. 구혈嘔穴 같은 것입니다. 바위에 고여 있는 물에는 기생충 알이 있기 십상입니다. 양이 그것을 먹게 되면 기생충 알들이 양의 몸속에서 애벌레가 되어 몸의 양분을 다 먹어버립니다. 양들은 그것을 모르고 그런 물을 먹다가 병이 생깁니다. 모두 양이 목동에게 순종하지 않았기 때문에 생기는 일입니다.

목동들은 일하는 틈틈이 양의 털을 깎습니다. 양들 중에 그것이 싫어서 도망가는 양들이 있습니다. 도망 다니다가 탈이 생기는 경우도 종종 봅니다.

요즘 사람들은 자주 머리를 감습니다만, 예전에는 오랫동안 감지 않아 머리에 떡이 지곤 했습니다. 머리빗으로 빗으면 머리카락이 엉켜서 애를 먹기도 했지요. 마찬가지로 양들에게도 비슷한 일이 생깁니다. 이런 연유로 양의 털을 깎는 것입니다. 간혹 목동의 말을 듣지 않고 뺑소니치는 양들이 있습니다. 그러다 문제가 생깁니다.

또 양들 중에 욕심 많은 양들이 있습니다. 조금이라도 좋은 꼴이 보이면 힘없는 양들을 밀쳐내고 먹거나 다른 데 가서 또 뺏어 먹기도 합니다. 그렇게 욕심 사납게 계속 먹다 보니 다른 양들은 못 먹어서 마르고 탐욕스런 양은 살이 찌게 됩니다. 뚱뚱해진 양들은 건강이 나빠져서 새끼를 잘 낳지 못합니다. 그리고 혈관이 많이 늘어나기 때문에 병치레를 자주 합니다. 그리고 다른 양들이 제대로 먹지 못하게 방해를 합니다.

목동들은 일하면서 틈틈이 양들을 목욕시키는데 그것을 싫어하는 양들이 있습니다. 양은 털이 많으므로 털 밑에 벌레가 번성하기 쉽습니다. 자주 목욕을 하지 않으면 안 됩니다. 벌레가 생기면 가려워서 견디지 못합니다. 양들은 스스로 몸을 긁을 수 없기 때문에 몸을 여기저기에 문지릅니다. 그리고 그 벌레를 다른 양들에게 옮깁니다. 이런 양들 때문에 문제가 생겨납니다.

목동이 시키는 대로, 이끄는 대로 따라가기만 하면 되는데 그렇지 않은 양들이 항상 문제입니다.

6

오랫동안 목동 생활을 한 분이 아주 특별한 경험담을 이야기해준 적이 있습니다. 그분이 기르던 양들 중에 아주 멋진 암양이 한 마리 있었습니다. 아주 튼튼했고 몸이 참 아름다웠습니다. 그리고 똑똑했습니다. 항상 그러하듯 똑똑한 것이 좋기는 하지만 너무 똑똑해도 문제입니다. 제대로 똑똑하든지 적당하게 똑똑하면 되는데, 쓸데없이 머리가 좋은 양이었습니다. 아주 예뻤습니다. 두 눈은

맑고 밝았고 빛이 났습니다. 게다가 아주 귀엽고 예쁜 새끼까지 낳았습니다.

그러나 그토록 건강하고 아름다운 양이 이분을 가장 골치 아프게 하는 고약한 양이었다고 합니다. 그 예쁜 양은 항상 불만이 가득한 것처럼 보였습니다. 다른 모든 양들을 합친 것보다 이 한 마리의 양이 훨씬 문제를 일으켜서 힘들었다고 했습니다. 이분은 그 양의 이름을 'Mrs. Get about'이라는 이름을 붙였습니다. '나돌아 다니는 양'이란 뜻의 이름이었습니다.

그 양은 울타리를 자주 올라갔습니다. 울타리에 조그마한 구멍만 나도 그곳을 고양이처럼 잘 빠져나갔습니다. 울타리 밖보다 안쪽의 풀이 훨씬 더 좋았지만 그 양은 그것을 모르고 늘 나갔습니다. 양이 도망가면 목동은 며칠 동안 찾아다녀야 합니다. 여기저기 찾으러 헤매다 보니 목동도 힘들었습니다. 양을 찾고 보면 제대로 먹지도 못하여 바짝 마르고 더러운 꼴을 하고 있었습니다. 참으로 불쌍했습니다. 다시 잘 먹이고 가꾸어놓으면 또 도망가곤 했습니다.

더 큰 문제는 어미가 자꾸 도망가니 새끼들도 따라서 울타리를 넘는 겁니다. 나중에는 다른 양들까지 도망가는 분위기가 되었습니다. 소수의 양들에서 점차 자기가 기르는 양들 전체, 이윽고 목장 전체에 문제가 생기고 말았습니다.

목동이 고민을 하기 시작합니다. 참고 참고 견디다 더는 안되겠다 싶어 결국 결단을 내리게 됩니다. 더 이상 그대로 두어서는 안되겠다고 판단합니다. 해법은 너무나 간단했습니다. 목동이 칼을 들었습니다. 걸리는 시간은 1초도 안 되었습니다. 그것으로 그토록 예쁘고 튼튼하고 아름답던 'Mrs. Get about'의 생명은 끝나고 말았습니다. 그리고 그 목장의 문제도 가라앉기 시작했습니다.

정말 똑똑한 양은 그런 양이 아닙니다. 어떻게 보면 좀 미련스럽고 못나 보이지만 자기 목자가 이끄는 대로 따라가는 양, 자기 목자가 시키는 대로 순종하는 양, 이런 양이 정말로 똑똑한 양입니다.

까닭이 있습니다. 자기에 대해서 가장 잘 아는 사람이 자기 목자이기 때문입니다. 그리고 누구보다도 더 자기를 사랑하

는 사람이 자기 목자이기 때문입니다. 그렇기 때문에 정말로 똑똑한 양은 이 소리 저 소리, 이런 생각 저런 생각 다 접어두고 그저 목자만 따라가고 목자가 시키는 대로 순종하는 양입니다. 이런 양들이 정말로 행복합니다.

7

양과 마찬가지로, 사람도 좋은 목자를 만나야 합니다. 여러분은 일단 좋은 목자를 만났습니다. 그러나 만났다고 해도 가슴속으로부터, 내 영혼으로부터, 내 인격으로부터 전부 다 하나님, 예수님을 진정으로 나의 목자로 삼은 것은 아닌 것 같습니다. 여러분은 이미 겉으로는 예수님을 영접한 사람이고 하나님을 나의 주인으로, 예수님을 나의 목자로 모시고 살아가는 하나님의 사람들입니다.

꼭 부탁드릴 것은 모습만 아니라 가슴으로 인격적으로 전인격적으로 목자로 삼으십시오. 하나님께서 말씀하시는 것이라면 자신이 보기에 이건 아니다 싶은 것이 있어도 그냥 순종하십시오. 하나님께서 여러분에게 직접 말씀하시든지 하나님의 종을 통해서 말씀하시든지 하나님 말씀이라면 모두 다 그냥 순종하십시오. 그래야 정말 똑똑한 사람입니다. 궁극적으로 정말 행복한 사람이 됩니다.

인류 역사상 최고의 복을 받은 사람이라고 성경 안에서나 기독교 밖에서나 공히 인정하는 다윗이 고백했습니다.

"여호와는 나의 목자시니 내게 부족함이 없으리로다."
(시 23:1)

"내 평생에 선하심과 인자하심이 반드시 나를 따르리니 내가 여호와의 집에 영원히 살리로다."(시 23:6)

이런 다윗이었기 때문에 최고의 복을 받았고, 성경 안팎의 모든 사람들로부터 최고의 존경을 받았고 수천 년 전에 죽었지만 지금도 수십억 인류에게 존경과 사랑을 받고 있습니다. 여러분도 다윗처럼 되시길 바랍니다.

11

자족 自足

내가 주 안에서 크게 기뻐함은 너희가 나를 생각하던 것이 이제 다시 싹이 남이니 너희가 또한 이를 위하여 생각은 하였으나 기회가 없었느니라

내가 궁핍하므로 말하는 것이 아니니라 어떠한 형편에든지 나는 자족하기를 배웠노니 나는 비천에 처할 줄도 알고 풍부에 처할 줄도 알아 모든 일 곧 배부름과 배고픔과 풍부와 궁핍에도 처할 줄 아는 일체의 비결을 배웠노라

내게 능력 주시는 자 안에서 내가 모든 것을 할 수 있느니라

「빌립보서」 4:10~13

1

미국 위스콘신대학에서 흥미로운 실험을 하나 했습니다. 먼저 여학생들에게 20세기 초 위스콘신대학이 있는 밀워키의

극도로 어려웠던 시절의 생활환경을 보여주었습니다. 두 번째는 자신이 화상을 입거나 비극적 사고를 당해서 무서운 흉터가 생겼을 때를 상상하도록 했습니다. 그리고 자신의 상상을 글로 묘사하라고 했습니다. 글쓰기 과정을 거치고 난 뒤 학생들에게 현재 자신의 삶의 만족도를 평가해서 리포트를 제출하라는 숙제를 내주었습니다.

학생들이 제출한 리포트에 따르면, 학생들은 실험 이전보다 실험 이후 현재 자신의 삶에 대해 훨씬 더 만족스럽게 느낀다고 평가했습니다.

뉴욕주립대학에서도 비슷한 실험을 했습니다. 실험 대상자들에게 "내가 ○○○이 아니라서 기쁘다"라는 문장을 완성하라는 숙제를 냈습니다. 이 과정을 다섯 번 되풀이했습니다. 그러고 난 뒤 학생들에게 그 결과를 글로 써서 제출하라고 했더니, 실험 대상자들은 자신의 삶이 이전보다 훨씬 더 만족스러웠다는 보고를 했습니다.

이번에는 대상을 달리 해서 비슷한 실험을 진행했습니다. 이번에는 "내가 ○○○이라면 좋을 텐데……"라는 문장을 완성하라고 요구했습니다. 그리고 같은 일을 다섯 번이나 반복했습니다. 그러고 난 뒤 학생들에게 그 결과를 글로 써서 제출하라고 했습니다. 이번에는 실험 대상자들이 자신의 현재 삶에 대해서 아주 커다란 불만을 갖게 되었다는 보고를 했습니다.

똑같은 상황을 어떤 것과 비교하는가에 따라서 자신의 행복을 바라보는 평가가 바뀐다는 말입니다.

2

어떻게 생각하면 세상의 일들이 다 별것이 아닙니다. 우리는 이것이 좋다, 저것은 좋지 않다, 이것을 하면 불행하고 저것을 하면 행복할 것이라고 생각하지만 가만히 보면 다 별것이 아닙니다. 좋다는 것도 별것이 아니고 나쁘다는 것도 별것이 아닙니다. 사람도 마찬가지입니다. 참 좋은 사람이라고 생각하는 사람도 사실은 별 사람이 아니고, 참 별로라고 생각하는 사람도 꼭 그렇지만은 않습니다.

다 생각하기에 달려 있습니다. 좋게 생각하면 얼마든지 좋을 수 있고 나쁘게 생각하면 얼마든지 나쁠 수 있습니다. 좋게 생각하면 그 사람이 정말로 좋은 사람이 될 수 있고 같은 사람도 나쁘게 생각하기 시작하면 한없이 나쁜 사람, 천하에 몹쓸 사람이 될 수 있습니다.

새옹지마塞翁之馬에 나오는 노인이 아주 대표적인 예입니다. 노인이 기르던 암말이 오랑캐 땅으로 도망갔습니다. 그 당시 말 한 마리는 한 가정에서 상당한 재산이었습니다. 많은 사람들이 노인을 위로했습니다. 그러나 이 노인은 "말을 잃은 것은 말을 가지고 있었기 때문이지요. 말을 가지고 있다 보면 그럴 수도 있는 게 아니겠습니까." 크게 상심하는 것 같지 않았습니다.

그 후에 달아났던 암말이 훌륭한 수컷 한 필을 데리고 집으로 돌아왔습니다. 많은 사람들이 부러워하고 축하해주었습니다. 그러나 이 노인은 "암말을 잃지 않았다면 어떻게 수말을 얻을 수 있었겠습니까?"라고 말할 뿐, 그렇게 좋아하는 모습을 보이지 않았습니다.

이번에는 노인의 아들이 수말을 타고 놀다가 말에서 떨어지는 바람에 다리가 부러져서 장애인이 되었습니다. 사람들이 위로를 보냈습니다. 그러나 노인은 "수말을 얻지 않았다면 내 아들의 다리가 어떻게 부러질 수 있었겠습니까?"라고 말할 뿐 크게 마음 아파하지 않았습니다. 크게 마음 아파할 수 있는 일이었지만 노인은 별것 아닌 것으로 생각했습니다.

얼마 후 전쟁이 터졌습니다. 그 마을의 많은 젊은이들이 전쟁터로 불려나가 전장에서 죽고 말았습니다. 노인의 아들은 장애인이라 전쟁에 나가지 않았습니다. 많은 사람들이 노인을 부러워했습니다. 그러나 노인은 "아들의 다리가 부러지지 않았다면 어떻게 그런 특혜를 누릴 수 있었겠습니까?"라고 할 뿐 그렇게 좋아하는 기색은 보이지 않았습니다.

문제는 마음입니다. 마음을 어떻게 쓰는가에 따라 인생이 달라집니다. 내 마음의 관점, 내 눈의 관점, 생각의 관점을 어떻게 가지는가에 따라 인생이 달라집니다.

어떤 사람은 일평생 불평불만이 가득하고 그저 다른 사람만 탓하며 원망하는 인생을 살기도 합니다. 그러나 또 어떤 사람은 훨씬 안 좋은 환경 속에서도 만족하고 감사해하며 행복한 인생을 꾸려나가기도 합니다. 실제 가난은 '나는 가난하다'라는 마음이 먼저 있고 난 뒤 그다음에 닥쳐온다는 말이 있을 정도입니다.

3

우리 인간에게는 스스로 생각해보아도 참으로 못난 모습이 많습니다. 보통 인간의 마음은 긍정보다는 부정이 앞서기 마련이고 그런 경우가 허다합니다. 만족하는 마음보다는 불만족할 때가 훨씬 더 많습니다. 또 감사하는 마음보다는 불평하는 마음, 원망하는 마음이 더 많고 더 자주 있습니다.

좋았던 기억을 오래오래 간직하면 얼마나 좋겠습니까? 그러나 일반적으로 사람들은 좋았던 기억은 잠깐 머물고 나쁜 기억은 오래 간직합니다. 내가 억울하게 당했던 것, 오해를 받았던 것, 피해를 봤던 것 등등 이런 것들만 오래 기억하지만, 고맙고 감사했던 일은 쉽게 잊어버리고 오래 생각하지 않습니다. 똑같은 사람에 대해서도 감사한 일과 감사하지 못한 일들이 같은 비율로 있다 하더라도 사람들은 감사하지 못한 일을 더 많이, 더 오래 기억하고 감사한 일은 스치듯이 기억하고 금방 잊어버립니다. 이것이 일반적인 인생의 모습이고 우리 모두의 모습입니다.

이것을 뛰어넘은 위대한 어른이 계셨습니다. 바로 사도 바울입니다. 바울이 감옥에 갇혔을 때 감옥에 갇힌 자기를 섬겨준 빌립보 교회에 편지를 썼습니다. 그중의 한 부분이 오늘 본문입니다.

자기가 감옥에 갇혀 힘들어할 때 빌립보 교회가 자기를 챙겨준 것에 대한 감사를 드리고 있습니다. 당시 감옥에 대해 한번 생각해봅니다. 얼마나 어려운 환경이었겠습니까?

오래전 서울에 있는 어느 구치소를 몇 년 동안 정기적으로 방문해서 예배를 인도한 적이 있습니다. 예배를 인도하고 난 후 성경 퀴즈를 하고 답을 맞히면 조그마한 상품을 드렸습니다. 될 수 있으면 많은 사람들에게 상품을 나누어주려고 하다 보니 상품 자체는 별것 아니었습니다. 그럼에도 수감자들이 얼마나 열심히 성경을 공부하는지 모릅니다. 감옥에서 별로 할 일이 없어서 그런지 몰라도 성경을 아예 통째로 외우는 사람도 있을 정도였습니다.

그러나 감옥에 가서 수감자들과 성경 말씀을 나누는 일은
참 좋았지만 몸이 너무 힘들었습니다. 수감자들은 추운 자리
에 있었습니다. 저를 비롯해서 같이 갔던 사람들은 전부 다
난방기가 돌아가는 따뜻한 자리에 있었고, 무릎 담요까지 받
아 덮었습니다. 그런데도 추워서 견디기 힘들 정도였습니다.
겨울에는 물론이고 봄 가을에도 팔꿈치와 무릎이 시리고 아
플 정도로 추웠습니다.

바울이 감옥에 갇힌 것이 지금으로
부터 이천 년 전이니, 그때 감옥이
아무리 좋은 환경이라 하더라도 얼
마나 힘들겠습니까? 감옥 안에서 필요
한 것, 아쉬운 것이 얼마나 많았겠습
니까? 이런 바울을 다른 사람은 아무도 신경 쓰지 않았지만,
빌립보 교회만은 세심하게 챙겼습니다. 바울에게 필요한 물
건을 보내는 것은 물론이고, 나중에는 아예 바울을 섬기기 위
해 교회 중직자 한 분을 보내서 바울 곁에 두고 섬기도록 하
는 조치까지 취했을 정도입니다.

바울은 자신을 따뜻하게 챙겨준 빌립보 교회에 감사 인사
를 하면서 아주 특별한 말을 했습니다.

"여러분들이 나를 도와준 것은 정말로 감사합니다. 그러나
사실 나는 여러분들이 보내주는 것이 아무것도 없다 하더라

도, 어떠한 형편에서든지 만족하는 것을 배워서 괜찮습니다."

'여러분들이 나에게 보내준 것은 참으로 고마운 일입니다. 아마 여러분들은 틀림없이 하나님께 복을 받을 것입니다. 그러나 나는 그런 것이 없어도 괜찮습니다'라는 말입니다.

이것을 12절에서 "나는 비천에 처할 줄도 알고 풍부에 처할 줄도 알아 모든 일 곧 배부름과 배고픔과 풍부와 궁핍에도 처할 줄 아는 일체의 비결을 배웠노라"라고 표현합니다.

이때 바울은 "자족自足"이라는 표현을 썼습니다. 자족이라는 말은 헬라 말로 "아우타르케스"입니다. 이 말은 모든 조건에 완전하게 맞출 수 있는 마음입니다. 어떤 상황에 억지로 힘들게 맞추어가는 것이 아니라 어떤 상황, 어떤 여건이든지 완전하게 맞출 수 있는 마음을 자족이라는 말로 썼습니다.

"배고픔도 괜찮고 배불러도 괜찮고, 풍부해도 괜찮고 궁핍해도 괜찮고, 비천도 괜찮고 존귀도 괜찮습니다. 그런 것쯤이야 나에게 아무것도 아닙니다."

'나에게는 아무것도 나를 못 견디게 할 만큼 대단한 것이 없고 아무것도 나를 힘들게 할 것이 없다'는 말입니다.

정말로 대단합니다. 여러분들이 바울과 같은 신앙으로 세상을 살아갔으면 좋겠습니다. 조금 힘들다고 찌푸리고 약간이라도 좋은 일이 생기면 헤헤 웃는 사람이 아니라 새옹지

마에 나오는 노인처럼 정말로 어른답게 넉넉한 마음으로 '그럴 수도 있지, 괜찮아'라고 말하는 사람이 되면 좋겠습니다.

4

여기서 우리가 생각할 것은 '어떻게 하면 이런 넉넉한 모습을 보일 수 있고 이렇게 멋진 모습을 보일 수 있는가?'입니다.

오늘날 한국 사회의 불행은 자족에 관한 문제를 해결하지 못했기 때문입니다. 우리가 만족하려고 들면 얼마든지 만족할 수 있습니다. 우리가 고마워하려고 하면 얼마든지 고마워할 것이 너무도 많습니다. 우리 부모님께 감사하려고 하면 감사할 것이 흘러 넘칩니다. 자녀들에게도 감사할 것이 얼마나 많습니까? 옛날에는 자녀를 낳아도 기르는 도중 죽는 경우가 많아 여러 명을 낳았는데, 그렇게 했는데도 결국 겨우 한둘만 남게 되었다는 말을 흔하게 들었습니다. 지금은 아이들이 얼마나 잘 자랍니까? 형편은 또 얼마나 좋아졌습니까?

그럼에도 불구하고 가정에서도 사회에서도 개인적으로도 불행한 사람들이, 불행하다고 하는 사람들이, 만족하지 못하는 사람들이 얼마나 많습니까?

어떻게 하면 모든 것에 만족할 수 있고 어떻게 하면 행복할 수 있을까요? 바울은 어떻게 해서 그런 자족할 수 있는 마음을 배웠을까요? 어떻게 하면 그렇게 완전하게 만족할 수 있는 마음을 가질 수 있을까요? 그 비결이 무엇일까요?

먼저 알아야 할 것은 바울이 자족할 수 있었던 것은 바울이 본래 그런 사람이었기 때문이 아니라는 사실입니다. 기독교 신자라고 해서, 믿음이 좋은 사람이라고 해서 비천을 좋아하는 사람은 없습니다. 다 싫어합니다. 배고픈 것을 좋아할 사람은 아무도 없습니다. 기독교 신자들도 존귀함이 좋습니다. 배부른 것이 좋고 풍부한 것이 좋습니다. 그럼에도 불구하고 바울이 그렇게 힘들고 열악한 환경, 고통스러운 상황을 넉넉하게 견딜 수 있었던 이유는 무엇일까요?

과거 바울은 엄청난 부자였습니다. 또 그 당시 최고의 학문을 가질 수 있었고, 상당한 권세를 누릴 수도 있는 사람이었습니다. 그럼에도 불구하고 부나 권세를 별것 아닌 것으로 여길 수 있었던 비결이 있었습니다. 바울에게 모든 것의 모든 것인 하나님이 계셨기 때문입니다. 바울에게 하나님이 계셨기 때문에 아무리 힘든 일도 바울을 정말로 힘들게 할 수는 없었습니다. 참으로 고통스럽고 고달픈 일들도 바울에게는 그리 큰 문제가 아니었습니다. 그렇게 대단한 것도 바울에게는 시시하고 별것 아닌 것이 될 수밖에 없었습니다. 그 이유는 '진짜 큰 것'을 품고 있었기 때문입니다.

아주 의가 좋은 형제가 함께 먼 길을 가고 있었습니다. 다리를 건너다 동생이 물속에서 무언가를 발견하고 물로 들어갔습니다. 금덩이 두 개가 있었습니다. 동생이 건져왔습니다. 형제는 날아갈듯 기분이 좋았습니다. 동생은 금덩이 하나를 형에게 주었습니다.

다시 길을 가다가 동생이 깊은 생각에 잠기게 됩니다. 한참 깊은 생각에 잠겨 있던 동생이 금덩이를 강물에 던지고 말았습니다. 형이 깜짝 놀라 동생에게 이유를 물었습니다. 동생이 이야기합니다. "형님, 금덩이를 나누어 갖고 보니 자꾸 엉뚱한 생각이 들지 뭡니까? 형님만 없었다면 금덩이 두 개가 모두 내 것이 되었을 텐데 싶은 생각이 들어서 형님이 미워지고 싫어지는 마음이 들었습니다. 금덩이 때문에 형님이 미워지고 싫어진다면 그깟 금덩이는 없는 게 더 낫다는 생각이 들었습니다. 이렇게 좋은 형이 있는데 그깟 금덩이 때문에 우애가 깨지고 형이 미워진다면 그것은 없는 것보다 못하기 때문에 버렸습니다." 그 말을 들은 형도 금덩이를 물에 던지고 말았습니다. 형에게는 동생만, 동생에게는 형만 있으면 된다는 생각 때문입니다.

기독교 신자들에게는 하나님이 계십니다. 모든 것을 가지고 계신 하나님, 모든 것을 할 수 있는 하나님이 계십니다. 지

239

금도 필요하다면 무엇이든지 마음대로 창조할 수 있는 하나님, 어느 날 하나님께서 이것은 아니라고 생각하신다면 우리 앞에 있는 잘못된 것, 나쁜 것, 우리를 해롭게 하고 어렵게 하는 어떤 것이든지 마음대로 없애실 수 있는 하나님이 계십니다. 이것 때문에 기독교 신자들은 세상의 모든 것에 대해서 일체의 비결을 가질 수 있습니다.

우리에게는 모든 것을 견딜 수 있고, 모든 것을 이겨 나갈

수 있고, 모든 것을 별것 아니라고 시시하게 생각하며 부러워하지 아니하고 당당하게 살 수 있는 비결이 있습니다. 진정한 신앙이 있다면, 정말로 예수님을 모시고 사는 사람이라면 누구나 그 비결을 얻을 수 있습니다. 어떤 환경에 놓여 있든지 행복하게 살아갈 수 있습니다. 모든 사람들이 다 불행해하고 얼굴을 찌푸리고 살아가는 환경 속에서도 얼마든지 다른 사람들에게 웃음을 나누어줄 수 있습니다.

5

오늘날 한국 사회의 불행은 기독교 신자들이 이 역할을 하지 못하기 때문입니다. 기독교 신자들도 세상 사람들처럼 환경 '때문에', 여건 '때문에' 좋아하기도 하고 힘들어하는 모습을 보이기 때문에 세상 사람들이 보고 배울 수 있는 모범적인 기독교 신자가 없습니다. 인생은 이렇게 사는 것이라고 보여주는 롤모델이 없습니다.

다시 한 번 말합니다. 불행이 어디서 옵니까? 환경에서 오는 것이 아닙니다. 여건에서 오는 것이 아닙니다. 다른 사람, 다른 무엇에게서 오는 것이 아니라 바로 내 마음으로부터 옵니다. 우리 만족이, 행복이 어디서 옵니까? 결단코 세상에서 오는 것이 아닙니다. 결코 풍부한 데서, 일이 잘 풀리는 데서, 이 사람 저 사람에게서 오는 것이 아닙니다. 주님을 믿는 진실한 믿음에서 옵니다. 우리가 주님과 함께할 때 거기서 우리 만족이 오고 행복이 옵니다. 세상 것에서 또 다른 사람들을 통해 잠시 올 수는 있지만 그것은 찰나에 끝나고 맙니다. 그것은 정말로 아무것도 아닙니다. 그러나 우리가 어떤 환경에서, 어떤 형편에서든지 주님과 함께하고 주님과 말하고 주님 말씀을 읽을 때 거기에서 행복이 오고 만족이 옵니다. 이것이 기독교의 신비입니다.

주님을 찾으십시오. 인생이 괴로울 때, 힘들 때, 이제 더 이상 견디지 못하겠다고 생각할 때일수록 더 주님을 찾으십시오. 여러분이 주님을 찾을 때, 주님께서는 어떠한 경우에도 반응을 보이지 않을 때가 없습니다. 언제든지 응답을 하십니다. 하나님은 어디에 계셨는지 어느 틈에 여러분의 손을 잡습니다. 그럴 때에 우리는 환경도 여전하고 상황도 여전하지만 희한하게 만족할 수 있습니다. 거기에 행복이 있습니다. 절대로 세상이 빼앗아갈 수 없고 세상이 알 수도 없고 세상이 이해할 수도 없는 진짜 행복이 거기에 있고 진짜 만족이 거기에 있습니다.

12

하늘에 창을
내지 않아도

엘리사가 이르되 여호와의 말씀을 들을지어다 여호와께서 이르시되 내일 이맘때에 사마리아 성문에서 고운 밀가루 한 스아를 한 세겔로 매매하고 보리 두 스아를 한 세겔로 매매하리라 하셨느니라

그 때에 왕이 그의 손에 의지하는 자 곧 한 장관이 하나님의 사람에게 대답하여 이르되 여호와께서 하늘에 창을 내신들 어찌 이런 일이 있으리요 하더라

엘리사가 이르되 네가 네 눈으로 보리라 그러나 그것을 먹지는 못하리라 하니라

성문 어귀에 나병환자 네 사람이 있더니 그 친구에게 서로 말하되 우리가 어찌하여 여기 앉아서 죽기를 기다리랴 만일 우리가 성읍으로 가자고 말한다면 성읍에는 굶주림이 있으니 우리가 거기서 죽을 것이요 만일 우리가 여기서 머무르면 역시 우리가 죽을 것이라 그런즉 우리가 가서 아람 군대에게 항복하자 그들이 우리를 살려 두면 살 것이요 우리를 죽이면 죽을 것이라

하고 아람 진으로 가려 하여 해 질 무렵에 일어나 아람 진영 끝에 이르러서 본즉 그 곳에 한 사람도 없으니 이는 주께서 아람 군대로 병거 소리와 말 소리와 큰 군대의 소리를 듣게 하셨으므로 아람 사

람이 서로 말하기를 이스라엘 왕이 우리를 치려하여 헷 사람의 왕들과 애굽 왕들에게 값을 주고 그들을 우리에게 오게 하였다 하고 해질 무렵에 일어나서 도망하되 그 장막과 말과 나귀를 버리고 진영을 그대로 두고 목숨을 위하여 도망하였음이라

그 나병환자들이 진영 끝에 이르자 한 장막에 들어가서 먹고 마시고 거기서 은과 금과 의복을 가지고 가서 감추고 다시 와서 다른 장막에 들어가 거기서도 가지고 가서 감추니라

「열왕기하」 7:1~8

1

고대 이스라엘 시대의 일입니다. 아람이라는 나라가 이스라엘을 침공하여 북이스라엘의 수도 사마리아를 포위합니다. 이스라엘은 버팁니다. 사마리아 성 안의 양식이 다 떨어져 성 안의 모든 사람들이 심한 굶주림을 겪게 됩니다. 심지어 어디서는 아이를 잡아 삶아먹었다는 흉흉한 소문이 들릴 정도입니다.

이런 일도 있었습니다. 한 여인이 왕을 찾아와 하소연을 합니다. 그 여인은 이웃과 약속을 했다고 합니다. 이제 어차피

죽을 수밖에 없을 것 같고, 이러다 다 죽을 것이니 몇 사람이라도 살아남기 위해서 어쩔 수 없이 아이를 잡아먹자고 약속했습니다. 자기 아이를 먼저 잡아먹었습니다. 그런데 다음날 약속했던 이웃집 아이를 잡아먹을 때가 되었을 때 이웃집 사람이 자기 아이를 숨겨버린 일을 두고 그 여인은 억울하다며 왕에게 하소연을 하러 온 것입니다. 이 지경에까지 이르렀던 상황이었습니다.

이제 북이스라엘은 항복하는 길 이외는 방법이 없었습니다. 그 어떤 것으로도 해결할 수 없는 완전히 절망적인 상황이 왔습니다.

이때 하나님께서 당신의 종 선지자 엘리사를 보내셨습니다. "하룻밤만 지나면 모든 사람들이 마음대로 음식을 실컷 먹게 될 것!"이라고 선언하셨습니다.

그 말을 들은 장관 한 사람이 엘리사에게 "하나님께서 하늘에 창을 만들어서 그것을 통해서 곡식을 쏟아부어주신다고 해도 어떻게 그런 일이 일어날 수 있겠습니까?"라고 말합니다. 그 말을 들은 엘리사는 "당신은 내가 말한 그것을 눈으로는 보겠지만 먹지는 못할 것"이라고 선언합니다.

그런 상황 가운데 사마리아 성문 근처에 있던 나병환자 네 사람이 서로 의논합니다. "이제는 죽는 길밖에 없다. 어차피 죽을 바에는 어디 가서 죽으나 마찬가지이니 차라리 적군에게 가서 살려달라고 애걸이나 해보자. 혹시 살려주면 살고 아니면 어차피 죽을 것이니 거기에서 죽으면 되지 않겠는가?"

나병환자들끼리 의논이 잘 되어 함께 적진에 갔습니다. 가보고 그들은 깜짝 놀랐습니다. 적군이 한 사람도 없었습니다. 물건은 그대로 다 남아 있었습니다. 무기들도 그냥 쌓여 있었고, 금은도 있었고 의복도 넘칠 정도이고, 군량미는 산더미처럼 쌓여 있었습니다. 적군은 잘못된 판단을 내린 탓에 급히 도망가느라 모든 것을 그대로 내버려 두고 떠난 것 같았습니다.

이 소식을 들은 이스라엘 백성들은 적진으로 몰려가서 적의 군량미를 마음껏 가지고 와서 먹었습니다. 하나님이 하늘에 창을 내어도 불가능하다고 말했던 그 장관은, 마침 그때 성문 근처에 있다가 한꺼번에 몰려가는 사람들의 발에 밟혀서 죽고 말았습니다.

2

이 일을 보면서 이 장관에 대해서 참으로 딱하고 안타깝다는 생각이 듭니다. 내가 못 믿겠다면 그저 속으로 못 믿겠다고 생각하고 말 것이지 왜 그런 쓸데없는 소리를 했을까 하는 것입니다. 내가 못 믿으면 나 혼자만 믿지 않으면 되는데, 쓸데없는 말을 해서 다른 사람들을 실망하게 하고 좌절하게 하는 악한 죄를 왜 짓느냐는 것입니다. 그러다가 이렇게 변을 당한 것이 참 딱하다는 생각을 금치 못합니다.

믿다 보면 어쩌다 작은 것은 손해 볼 수가 있습니다. 그러나 믿지 않으면 더욱 큰 손해를 보게 됩니다.

하나님은 한번 하신다고 하면 반드시 하시고야 맙니다. 반드시 그렇습니다. 옛날에도 그러했고 지금도 마찬가지입니다.

이스라엘 민족은 이집트에서 오랫동안 노예살이를 했습니다. 400년 가까이 되었습니다. 그토록 오랫동안 노예살이를 했으니 이제 자기들은 완전히 '노예'라고 체념하고 있었습니다. 그때 하나님께서 이스라엘 백성들에게, 내가 여러분들을 해방시켜 주겠다고 말씀하십니다. 이스라엘 사람들 가운데는 하나님의 말씀을 믿는 사람들도 있었고, 반대로 그것은 절대로 불가능하다, 우리는 노예 팔자라고 생각하면서 믿지 않는 부정론자들도 있었습니다. 어딜 가나 부정론자들은 늘 존재합니다.

하나님께서 일을 시작하셨습니다. 맨 처음 이집트 전역에 피를 가득 차게 만드셨습니다. 사람들이 죽을 것 같다고 난리가 났습니다. 또 하나님께서 개구리를 보내셨습니다. 물, 육지 온통 개구리가 가득했고 집안에도 넘쳐 났습니다. 나중에 개구리가 죽으니 썩은 냄새가 천지를 진동했습니다.

그다음 하나님께서 이를 보냈습니다. 요즘 젊은 사람들 가운데는 이가 어떤 건지 잘 모르는 사람도 있을 것 같습니다. 우리나라에도 얼마 전까지만 해도 이가 많았습니다. 오래전에 군대에 있을 때 겨드랑이나 사타구니에 이약 주머니를 달고 다녔습니다. 그 약이 무섭게 독합니다. 이 때문에 사람들이 가려워서 죽을 지경이었습니다.

다음에는 파리를 보내셨습니다. 온 천지에 파리가 득실득실했습니다.

이쯤 되면 이집트 왕 바로가 이스라엘 백성들을 보내줄 것 같았습니다만, 그러나 보내주지 않았습니다. 이때 부정론자들이 어떤 말을 했을지 생각해봅니다. "봐라, 본래 말도 안 되는 소리였는데 그것을 말이라고 믿었느냐?" 그런 말 하는 사람들이 제법 많았을 것입니다. 어디 가든 이런 부정론자들은 꼭 있기 마련입니다.

하나님께서는 그것으로 끝내지 않으셨습니다. 이번에는 이집트 전체에 있는 가축들에게 무서운 병을 내려서 가축들이 차례로 쓰러졌습니다. 그런데 희한하게도 이스라엘 사람들의 가축은 한 마리도 상하지 않았습니다. 이걸 보면 이집트 왕이 이제는 정신을 차릴 것이라고 생각했지만 그렇지 않았습니다. 이때에도 부정론자들은 또 할 말이 있을 것입니다. "그러면 그렇지." 부정론자들은 이런 소리를 꼭 합니다.

그러나 하나님의 고집이 얼마나 센지 아십니까? 대단히 강하십니다. 한번 하신다고 했으면 절대로 물러서지 않습니다.

이번에는 종기를 보내셨습니다. 사람들이 가려워서 죽을 지경이었습니다. 그리고 우박을 보내셨습니다. 주먹만 한 우박들이 하늘에서 떨어졌습니다. 비닐하우스 정도가 아니라 튼튼한 집도 부서지고 가축들도 맞아서 죽는 피해가 속출했습니다.

하늘이 새까맣도록 메뚜기 떼를 보내셔서 먹을 수 있는 것이라고는 하나도 남기지 않고 전부 다 갉아먹게 한 일도 있었습니다. 그 후에 온 세상에 깜깜함을 주셨습니다. 깜깜하면 절망에 빠지고 우울증에 걸립니다. 병에 걸립니다. 해가 없는 세상이란 무섭습니다.

이집트의 왕 바로는 그때마다 이스라엘 민족을 보낼 듯 말 듯 하다가 결국 또 보내지 않았습니다. 이때 부정론자들은 어떤 말을 했을까 생각해봅니다. "아직도 그 말을 믿는가? 사람들이 왜 그렇게 바보 같은가? 믿을 것을 믿어야지." 부정론자들은 충분히 그럴 수 있습니다.

이에 대해 생각해봅니다. 과연 그럴까요? 어느 쪽 사람이 바보 같습니까? 누가 똑똑한 사람 같습니까?

하나님께서 다시 "내가 한 번 더 재앙을 보낼 텐데 이번에는 이집트 왕 바로가 반드시 내 백성들을 내보낼 것이다. 그

때 나갈 때 여러분들은 이집트 사람들에게 은금패물을 달라고 요구하여라. 내가 주게 만들겠다"라고 말씀하셨습니다.

이 소리를 들은 부정론자들은 무슨 말을 했겠습니까? "그만큼 속았으면 되었지, 또 그것을 말이라고 믿느냐"고 했을 것입니다.

그러나 하나님께서 이집트의 장자를 치시니 모든 상황이 끝나고 말았습니다. 사람의 장자뿐만 아니라 가축의 처음 것까지 다 치셨습니다. 집집마다 가축이 죽어 쓰러졌습니다. 집집마다 통곡소리로 가득했습니다.

3

이제 이스라엘 민족은 해방이 되었습니다. 그때 일을 성경은 이렇게 말씀합니다.

"이스라엘 자손이 모세의 말대로 하여 애굽 사람에게 은금 패물과 의복을 구하매 여호와께서 애굽 사람들에게

이스라엘 백성에게 은혜를 입히게 하사 그들이 구하는
대로 주게 하시므로 그들이 애굽 사람의 물품을 취하였
더라."(출 12:35~36)

이스라엘 백성들은 해방을 보았습니다. 정신 나간 사람들
이나 믿을 것 같은 그 말을 믿은 사람들은 거기에다 은금패물
까지 얻어 이집트를 나가게 되었습니다.

그러나 그것으로 모두 다 끝난 것은 아니었습니다. 이집트
를 빠져나가니 홍해가 앞을 가로막고 있었습니다. 뒤에는 보
내준 것을 후회하고 다시 뒤쫓는 이집트의 군사들이 따라오
고, 왼쪽으로도 오른쪽으로도 길이 없었습니다. 하늘로 올라
가든지 땅 밑으로 들어갈 수밖에 없는 그런 상황이 되었습니
다.

아마 이때에는 당시 다소 긍정적인 사람들까지도 절망에
빠졌을 것입니다. 길이 한 군데도 없었습니다.

인생을 살다보면 때로 온 천지가 다 막힐 때가 있습니다.
그러나 그럴 때에 절대로 사람을 볼 게 아닙니다. 세상을 볼
것이 아닙니다. 절대로 그 일을 볼 것이 아닙니다. 그러면 점
점 더 절망하게 됩니다. 점점 더 자포자기하게 됩니다.

이때 우리가 할 일은 하나님이 계시는 하늘을 쳐다보아야
합니다. 한번 하겠다고 말씀하시면 반드시 당신의 말씀을 지
키시는 하나님을 쳐다보아야 합니다.

하나님은 당신을 쳐다보는 사람들, 당신을 신뢰하는 사람들, 당신께 의지하는 사람들을 절대로 그냥 내버려 두지 않습니다. 하나님은 그 누구도 상상하지 못했던 일, 바다를 열어서 이스라엘 백성들에게 길을 내주시고 그 길을 걸어서 홍해를 건너가도록 하셨습니다.

그렇게 홍해를 건너가니 이번에는 먹을 것이 다 떨어졌습니다. 200만 명이나 되는 사람들을 도대체 무엇으로 배불리 하실 수 있겠습니까? 사람 눈으로 보면 방법이 없습니다. 길이 없습니다. 어떻게 하더라도 불가능합니다.

그러나 하나님께는 항상 길이 있습니다. 하나님은 가능했습니다. 언제 떨어졌는지 밤새 자고 나면 만나가 온 사방에 떨어져 있었습니다. 이스라엘 백성들은 40년 광야 생활을 하면서 그 누구도 굶어죽는 사람은 없었습니다.

예수님도 그러하셨습니다. 예수님이 계신다는 소문을 듣고 사람들이 몰려나왔습니다. 장정만 5천 명이 나왔습니다. 예수님 말씀을 듣다 보니 때를 넘기게 되었습니다. 아무것도 없는 허허벌판이라 큰일 났습니다. 어쩌면 아마 그때 예수님께서는 몰려든 사람들에게 말씀을 전하고 계셨을 수도 있습니다. 제자들이 말씀을 전하고 계시는 주님께 쪽지를 보냈을 수도 있습니다. "큰일 났습니다. 더 계속 하시게 되면 이 사람들 중 허기져서 쓰러질 분들이 생길 것 같습니다. 그러니 마을로 돌아가서 먹을 것을 사먹게 하거나 구해서 배부르게 해주어야 합니다. 도저히 여기에서는 방법이 없습니다."

정말로 방법이 없겠습니까? 정말로 길이 없겠습니까? 그럴 때 사람에게는 길이 없을 수 있습니다. 그러나 예수님에게는, 하나님에게는 길이 있었습니다.

오병이어입니다. 물고기 두 마리, 빵 다섯 개로 예수님께서는 장정만 5천 명이나 되는 규모였으니 아마 한 2만 명 되는 사람들을 넉넉하게 먹이고 남기기까지 했습니다.

4

오늘날 유대인들의 조국 이스라엘에 대한 사랑은 특별합니다. 우리가 생각할 수 있는 모든 예상을 뛰어넘습니다. 여러분들도 알고 계실 만한 두 가지 이야기가 유대인들이 조국을 얼마나 사랑하는지에 대한 증거가 됩니다.

하나는 이스라엘과 아랍 사이에 전쟁이 났을 때 아랍 국가들은 해외로 빠져나가는 비행기 표가 동이 났지만, 반대로 이스라엘은 이스라엘로 들어가는 비행기 표가 동이 났다고 합니다. 또 하나는 미국은 이스라엘과 관련된 국제적 분쟁에 있어서 반드시 이스라엘을 지지할 수밖에 없다고 합니다.

그 이유를 두 가지로 듭니다. 그 하나로는 미국 정부가 절대로 무시할 수 없는 미국 내 유대인들의 막강한 영향력입니다. 그 누구도 유대인들의 세력을 넘볼 수 없다고 합니다. 유대인들을 무시했다간 당선되지 못하고 정치도 제대로 하지 못한다고 합니다. 언론을 장악하고 있고 돈줄을 다 틀어쥐고 있기 때문입니다. 두 번째는 유대인들은 조국 이스라엘을 위해서라면 어떤 노력도 마다하지 않는다는 지극한 조국 사랑입니다. 미국 내 유대인들뿐만 아니라 전 세계 유대인들은 자기 조국을 너무나 사랑하기 때문에 미국은 항상 이스라엘 편을 들 수밖에 없다고 합니다.

이 말은 분명한 사실인 것 같습니다. 우리가 세계가 돌아가는 일들을 언론을 통해서 보면 이상하게 미국은 마치 이스라엘 편을 들지 않는 듯하다가도 어느 틈엔가 이스라엘의 손을 들어주는 것을 볼 수 있습니다.

5

유대인들이 그토록 지극히 조국을 사랑하는 데는 까닭이 있습니다. 그 핵심은 하나님 은혜에 대한 감사입니다.

제2차세계대전 때에 600만 명 이상 되는 유대인들이 참혹한 학살을 당했습니다. 살아남은 사람들, 그리고 그 자손들은 그것을 하나님의 은혜로 압니다. 오늘 자기네들이 있게 된 것은 전부 다 하나님의 은혜이다, 살아남게 된 것, 이렇게 부와 명예와 권력을 누릴 수 있었던 것 전부 다 하나님의 은혜라고 생각합니다.

거기에다 자기들이 조국 이스라엘을 사랑하는 것은 하나님의 은혜에 대한 보답이라고 생각합니다. 유대인들은 하나님께서 자기들의 조국 이스라엘을 너무나도 사랑하신다고 믿고 있기 때문입니다. 유대인들은 하나님이 그토록 사랑하시는 이스라엘을 사랑하는 것은 곧 하나님을 사랑하는 것이고, 그것은 곧 하나님의 은혜에 대한 보답이라는 것을 확실하게 믿고 있습니다.

유대인들의 믿음은 거기에 더해 하나 더 있습니다. 하나님은 그런 사람을 위해서라면 어떤 일이라도 하실 것이라는 믿음입니다. '내가 조국 이스라엘을 위해서 나의 모든 것을 바치면 하나님은 그보다 더 큰 은혜를 나에게 내려주실 것'이라는 믿음을 가지고 있습니다.

유대인들이 이것을 노래하는 시는 상당히 많이 있습니다. 유대인들은 그런 시를 달달 외웁니다. 그중의 하나가 「시편」 136편의 말씀입니다.

"여호와께 감사하라 그는 선하시며 그 인자하심이 영원함이로다

신들 중에 뛰어난 하나님께 감사하라 그 인자하심이 영원함이로다

주들 중에 뛰어난 주께 감사하라 그 인자하심이 영원함이로다

홀로 큰 기이한 일들을 행하시는 이에게 감사하라 그 인자하심이 영원함이로다

지혜로 하늘을 지으신 이에게 감사하라 그 인자하심이 영원함이로다

땅을 물 위에 펴신 이에게 감사하라 그 인자하심이 영원함이로다

큰 빛들을 지으신 이에게 감사하라 그 인자하심이 영원함이로다

해로 낮을 주관하게 하신 이에게 감사하라 그 인자하심이 영원함이로다

달과 별들로 밤을 주관하게 하신 이에게 감사하라 그 인

자하심이 영원함이로다

애굽의 장자를 치신 이에게 감사하라 그 인자하심이 영
원함이로다

이스라엘을 그들 중에서 인도하여 내신 이에게 감사하
라 그 인자하심이 영원함이로다

강한 손과 펴신 팔로 인도하여 내신 이에게 감사하라 그
인자하심이 영원함이로다

홍해를 가르신 이에게 감사하라 그 인자하심이 영원함
이로다

이스라엘을 그 가운데로 통과하게 하신 이에게 감사하
라 그 인자하심이 영원함이로다

바로와 그의 군대를 홍해에 엎드러뜨리신 이에게 감사
하라 그 인자하심이 영원함이로다

그의 백성을 인도하여 광야를 통과하게 하신 이에게 감
사하라 그 인자하심이 영원함이로다

큰 왕들을 치신 이에게 감사하라 그 인자하심이 영원함
이로다"(시 136:1~17)

이런 노래가 얼마나 많은지 모릅니다. 그들은 늘 그것을 생
각하고 외웁니다.

유대인들에게 있어서 조국을 사랑하는 것이 곧 하나님께
감사하고 하나님의 은혜를 알고 하나님을 사랑하는 것이기

때문에 유대인들은 조국을 지극히 사랑합니다.

또 한편으로 유대인들은 자기들의 조국 사랑이 그들로 하여금 그토록 강력한 힘과 권세와 부를 가질 수 있도록 해주는 근거로 기억합니다. 하나님은 하나님을 사랑하는 사람, 하나님 은혜에 대해서 고마워할 줄 아는 사람, 하나님을 기쁘시게 하기 위해서 힘들고 어렵고 귀한 일들을 하는 사람을 절대로 그냥 내버려 두지 않는다는 것을 유대인들은 확실하게 믿습니다.

그런 사람들에게 하나님께서는 큰 은혜와 선물과 좋은 모든 것을 주십니다. 반드시 그렇습니다. 옛날도 그러했고 오늘도 그렇고 앞으로도 그럴 것입니다.

6

1967년의 일입니다. 이스라엘이 독립한 지 19년 되었을 때 이스라엘과 아랍 연합 사이에 전쟁이 발발할 위기에 놓입니다. 아랍은 이집트를 비롯해서 시리아, 요르단이 동맹을 맺었고 이라크도 일부 가담하였습니다.

그때, 이스라엘은 전쟁이 일어나면 승산이 없었습니다. 급박한 이스라엘은 미국에 중재를 요구했지만 당시 미국은 베트남전쟁으로 악전고투하고 있을 때였습니다. 자기 처지가 급박했던 미국은 도저히 이스라엘의 중재 요청에 응할 만한 여유가 없었습니다.

드디어 전쟁이 일어났습니다. 그런데 전쟁 결과는 이스라엘의 완벽한 승리로 끝나고 맙니다. 그것도 확실하게 진다고 한 전쟁을 단 엿새 만에 완전한 승리로 끝내고 맙니다.

전쟁의 내용을 간단하게 말씀드리겠습니다. 아랍연합은 항공기 430대가 파괴되었고, 이스라엘 항공기는 단 40대만 손실을 입었습니다. 탱크는 아랍연합이 800대를 잃어버리게 되고, 이스라엘은 1대도 잃어버리지 않았습니다. 사상자는 아랍연합군은 2만 명이 죽거나 다쳤지만, 이스라엘은 779명의 사상자만 냈습니다.

전쟁의 결과로 전쟁 전 2만7백 제곱킬로미터였던 이스라엘 영토가 전쟁 후에는 6만8천6백 제곱킬로미터로 늘어나게 되었습니다.

유대인들은 이 '6일전쟁'을 전적으로 하나님께서 주신 기적으로 믿고 있습니다. "바알과 아세라 선지자들 사이에 850:1의 대결에서 통쾌한 승리를 거두게 하신 엘리사의 하나님께서 오늘 우리 이스라엘에게도 그 승리를 주셨다!"라고 믿고 있습니다. "하늘에 창을 내지 않고도 얼마든지 기적을 베

푸실 수 있는 엘리사의 하나님이 우리에게도 기적을 베풀어
주셨다!"라고 유대인들은 믿고 있습니다.

7

하나님은 하늘에 없던 창을 만들어서 쏟아부어주실 수도
있습니다. 하늘뿐만 아니라 땅에도 창을 만들어서 땅의 창을
통해서 쏟아부어주실 수도 있습니다. 그러나 하나님은 창을
내지 않아도 얼마든지 쏟아부어주실 수 있고 기적을 만드실
수 있습니다. 이 하나님은 수천 년 전 엘리사 때뿐만 아니라
지금도, 그리고 앞으로도 여전히 역사하시고 역사하실 겁니
다. 하나님은 당신을 믿고 의지하는 사람에게는 능력과 권세
와 필요하면 기적까지 주십니다.

이런 하나님이 바로 여러분의 하나님입니다.

그러나 우리의 행복은 하나님께서 나에게 기적을 베풀어주
셨기 때문에, 하나님께서 내 소원을 들어주셨기 때문에 생겨
나는 것이 아닙니다. '그런 하나님이 나에게도 계신다, 그 하
나님이 나의 하나님이다!'라는 믿음으로 말미암아 우리는 행
복할 수 있습니다.

하늘에 창을 내지 않아도

1판 1쇄 인쇄 2018년 3월 2일
1판 1쇄 발행 2018년 3월 10일

지은이 김태근
펴낸이 고병욱

기획편집2실장 장선희 **기획편집** 이혜선
마케팅 이일권 송만석 황호범 김재욱 김은지 양지은 **디자인** 공희 진미나 백은주 **외서기획** 엄정빈
제작 김기창 **관리** 주동은 조재언 신현민 **총무** 문준기 노재경 송민진

그림 최희수 **교정교열** 서민경

펴낸곳 청림출판(주)
등록 제1989-000026호

본사 06048 서울시 강남구 도산대로 38길 11 청림출판(주) (논현동 63)
제2사옥 10881 경기도 파주시 회동길 173 청림아트스페이스 (문발동 518-6)
전화 02-546-4341 **팩스** 02-546-8053
홈페이지 www.chungrim.com
이메일 cr1@chungrim.com

ⓒ김태근, 2018

ISBN 978-89-352-1208-8(03230)